Solarpolitik

Oxana Timofeeva

Solarpolitik

Ein philosophischer Essay über die Sonne, Natur und Gewalt

Aus dem Englischen von
Anja Dagmar Schloßberger

Inhalt

Einleitung: Zwei Sonnen und eine Stadt

1979, ich war ein Jahr alt, zog meine Familie von Sibirien nach Kasachstan, wo mein Vater Arbeit auf einer der Großbaustellen gefunden hatte. An den Ufern des großen Balchaschsees, in der grauen Steppe, die dort in Wüste übergeht, sollten die Bauleute eine Stadt bauen mit dem Namen *Solnetschnyj*, was im Russischen so viel bedeutet wie die *Sonnige* oder die *Sonnenstadt*. Die Stadt war Teil eines in Planung befindlichen industriellen Bauvorhabens: des südkasachischen Elektrowerks. Die erste Bauphase dieses gigantischen Projekts sah vor, das Land für die Bauarbeiten zu präparieren – genauer gesagt, musste die hügelige Topografie in eine ebene Fläche transformiert werden. Mein Vater war als Sprengmeister angestellt: Er hatte die Aufgabe, die Hügel zu sprengen. Wir waren in sehr einfachen Holzbaracken untergebracht, in einer kleinen Siedlung, die man eigens für die Bauleute errichtet hatte. Versorgung mit Grundnahrungsmitteln oder anderen Gütern gab es keine. Wir ernährten uns vom Fleisch der seltenen Saiga-Antilopen, die mein Vater in der Steppe erlegte, aßen den Fisch und tranken das Wasser aus dem See. Die furchterregendsten Bewohner der Steppe waren skorpiongroße Solifugae, auch Sonnenspinnen genannt: Irrtümlich glaubte man, die Bisse dieser Tiere seien tödlich. Letztendlich wurde die Sonnenstadt niemals fertiggestellt – alle Aufwendungen für dieses ambitionierte Projekt sind also buchstäblich in den Sand gesetzt worden.

Neben den vielen Ortschaften in den unermesslichen Weiten der früheren Sowjetunion und darüber hinaus, die das »Sonnige« im Namen tragen, gibt es noch unzählige ungebaute Sonnenstädte, für die wir immer weiter Felsmassive in die Luft jagen. Sie bezeichnen Utopien: Die mit dem Bild unseres zentralen Himmelskörpers verbundene Idee – es sei möglich, eine Siedlung zu bauen, die bestimmten rationalen Prinzipien entspricht und über solche Infrastrukturen verfügt, die so perfekt wie möglich designt sind, um den menschlichen Bedürfnissen und Wünschen gerecht zu werden und das Leben der Gemeinschaft in höchstem Maße strahlend und glücklich zu gestalten –, hat historisch eine lange Tradition. Von Platons *Politeia* bis zur modernen spekulativen Solarpunk-Fiction und den Perspektiven auf ökologisch nachhaltigere Ökonomien, bewerkstelligt durch den Ausbau erneuerbarer Energien, durchdringt der Geist des Solaren die ehrgeizigsten politischen Zukunftsprojekte.

Die überragende Bedeutung der Sonne, was unsere utopischen Fantasien betrifft, beruht auf ihrer Strahlkraft, dieser ultimativen Quelle allen Lebens auf der Erde, die der Grund ist, warum man die Sonne im Altertum vielfach als Demiurg oder als eine der höchsten Gottheiten verehrte: Ra in Ägypten, Tonatiuh in der aztekischen Kultur, Surya im Hinduismus oder Sol invictus im Römischen Reich sind nur einige wenige Namen für diese vielgestaltige Gottheit. Überall gab es zahlreiche Sonnen-Gottheiten beiderlei Genders, die verschiedenen Jahres- und Tageszeiten entsprachen. Genau wie Helios im antiken Griechenland quert der frühslawische Sonnengott in einem goldenen Wagen fahrend den

Himmel und trägt bei sich ein strahlend leuchtendes Feuerschild. Sein Name ist Dashbog: der gebende Gott. Er spendet alles: Licht, Wärme und Wohlstand. In einer Version altert und stirbt er jeden Abend, nur um am nächsten Morgen erneut geboren zu werden; in einer anderen stirbt er im Dezember und wird nach der Wintersonnenwende wiedergeboren. Unsere Vorfahren begrüßten ihre Sonnengötter, wenn sie aus der nächtlichen Dunkelheit zurückkehrten. Für sie war der leuchtende Strahlenkranz, den sie am Himmel beobachten konnten, buchstäblich der Körper des Gottes, dessen Strahlen jeden neuen Tag erst möglich machten.

Der verbreiteten Tradition der Sonnenverehrung im Wesentlichen treu bleibend, führt Platon, der Verfasser der mutmaßlich ersten politischen Utopie, einen neuen Gedanken in diese mythische Weltsicht ein. Im vierten Buch der *Politeia* erklärt Sokrates seinem Gesprächspartner Glaukon, dass es eigentlich zwei Sonnen gebe: die eine, die wir sehen, und die andere, die wir nicht sehen. Die Sonne, die wir sehen, regiere in der Welt der sichtbaren Dinge. Und sie selbst sei ein sichtbares Ding, das sich allerdings von allen anderen sichtbaren Dingen darin unterscheide, dass sie selbst zugleich die Quelle alles Sichtbaren sei. Warum sehen wir die Dinge? Erstens, weil wir Augen haben. Zweitens, weil es Licht gibt. Drittens, weil es die Sonne gibt, die das Licht spendet. Sokrates adressiert die Sonne als die Gottheit »unter den Göttern des Himmels«, deren Gabe des Lichts bewirke, »daß unser Gesicht auf das Schönste sieht und daß das Sichtbare gesehen wird«.[1] Gleiches gelte für die geistige Welt: So wie das Sehvermögen die Dialektik der Sonne, des Lichts und der Augen umfasse, vereine das Denkvermögen das höchste Gut, Wahrheit und Erkenntnis. Ja, mehr noch: So wie die physische Sonne den Dingen der sichtbaren Welt »nicht nur das Vermögen gesehen zu werden, sondern auch das Werden und Wachstum und Nahrung« verleiht, so verleiht die geistige Sonne dem »Erkennbaren nicht nur das Erkanntwerden«, sondern vielmehr »Sein und Wesen«.[2]

Das siebte Buch der *Politeia* beginnt bekanntlich mit der Urszene der Philosophie, die uns zurückversetzt ins Zeitalter der Höhlenmenschen. Eine Gruppe von Menschen ist in einer Höhle eingeschlossen, die eigenartigerweise einem Lichtspieltheater überaus ähnlich ist. Die Menschen sind gefesselt, daher können sie nur regungslos dasitzen und direkt auf die ihnen gegenüber befindliche Wand blicken, wo sie die Schatten dessen sehen, was sich über ihnen und hinter ihrem Rücken abspielt. In der Höhle gibt es ein Feuer und draußen ist gleich eine Straße, auf der sich einige andere Menschen befinden, die menschliche Figuren, Tiere und andere Dinge bei sich haben. Sokrates stellt die These auf, dass wir selbst die Menschen in der Höhle sind, welche die Schatten für reale Dinge halten. Wer es schafft, sich selbst aus den Fesseln zu befreien und die Höhle zu verlassen, wird die wahre Sonne »als sie selbst an ihrer eigenen Stelle« sehen,[3] und ebenso die wahre Welt, von ihrem Licht angestrahlt. Wenn diese Person dann wieder in die Höhle zurückkehrt und zu beschreiben versucht, was sie draußen gesehen hat, werden ihr die übrigen Gefangenen, an die Finsternis ihrer Behausung gewöhnt, nicht glauben und vielleicht sogar versuchen, sie zu töten. Als prophezeite er seinen eigenen Tod in einem Athener Gefängnis, ermuntert uns Sokrates, die erste, die sichtbare Welt, mit der Höhle zu vergleichen, das Licht der physischen Sonne mit dem Feuer, dessen Schattenbilder wir auf der Höhlenleinwand sehen, und die zweite Welt draußen mit der geistigen Sphäre des höchsten Gutes, das die Seele entdeckt hat.[4]

Abgesehen von der Dialektik zwischen der sichtbaren und der unsichtbaren Sonne hat Platon in diesen Passagen noch eine weitere Neuheit eingeführt, die für mich von herausragender Bedeutung ist. Für Sokrates ist die Sonne nämlich kein verehrungswürdiges Ding irgendwo da draußen am Himmel. Anstatt sie als ein äußerliches Ding zu behandeln, legt er nahe, dass es im Menschen selbst solare Elemente gebe – wie etwa das Auge und das Sehvermögen für die physisch existierende Sonne, das Erkennen und die Vernunft für die geistige. Das menschliche Auge ist nicht mit der Sonne identisch, aber es ähnelt ihr. Wir können das Ding *Sonne* betrachten und ansehen, weil wir ihr in bestimmten Punkten verwandt sind. Sonne und Auge kommunizieren, als würden sie durch die Schichten der Dinge hindurch, die von Licht umgeben sind, ineinander sehen und einander reflektieren. Die dunkle Pupille im Zentrum des menschlichen Auges ist von einer farbigen Iris umgeben. Wenn wir versuchen, tagsüber die Sonne zu betrachten, sehen wir, dass auch sie eine Art Pupille hat, die dunkel ist, sowie eine strahlende »Iris«, die von hinten hervorleuchtet. Genau wie das menschliche Auge hat das Auge Gottes deshalb eine Art blinden Fleck in seinem unmittelbaren Zentrum. Es ist, als sei die sinnlich wahrnehmbare

Sonne jene dunkle Pupille, welche die göttliche Strahlung von der Iris der Wahrheit vor uns verdunkelt.

Die Dopplung der Sonne in Platons Politeia hat es in sich: Da steht geschrieben, dass wir die wahre Sonne, welche das höchste Gut ist, nicht sehen können, weil sie qua ihrer Repräsentantin in der sinnlich wahrnehmbaren Welt von uns abgeschirmt ist. Insofern stattet die Sonne, die wir sehen, uns nicht nur mit dem Sehvermögen aus, sie ist es auch, die uns blendet. Die Größe des Sokrates besteht darin, hinter der sichtbaren die unsichtbare Sonne zu erkennen und beiden Aufmerksamkeit zuteilwerden zu lassen. Wie Marsilio Ficino in seinem Buch *De Sole* (»Über die Sonne«, 1494) ausführt:

> Während Sokrates beim Heer war, pflegte er häufig, wie verzaubert die aufgehende Sonne zu betrachten, reglos, seine Augen starr wie bei einer Statue, um die Wiederkehr des himmlischen Körpers zu begrüßen. Die Platoniker, beeinflusst von diesen und ähnlichen Zeichen, würden vielleicht sagen, dass Sokrates, der von Kindheit an von einem phöbischen Dämon beseelt war, es gewohnt gewesen sei, die Sonne mehr als alles andere zu verehren, und aus ebendiesem Grund sei er vom Orakel des Apollon zum weisesten aller Griechen erkoren worden. Ich möchte hier nicht auf die Frage darüber eingehen, ob der Dämon von Sokrates zu Teilen ein Genie oder ein Engel gewesen sei – aber selbstverständlich würde ich wagen zu behaupten, dass Sokrates im Stadium der Ekstase nicht nur die sichtbare Sonne, sondern auch den anderen, versteckten Aspekt verehrt hat.[5]

In Ficinos Interpretation ist die Sonne, die Sokrates verehrt, nicht nur verzweifacht, sondern verdreifacht: Sie verkörpert, auf fantastische Weise mit Neuplatonismus, hermetischer Tradition, Astrologie und der Magie der Renaissance verwoben, die Idee der christlichen Trinität. Ausgehend von Platons Vergleich von Gott und Sonne, zieht Ficino weitere Parallelen: Auf einer abwärtsgerichteten Spirale spendet Gott Güte und Liebe, genau wie die Sonne Licht und Wärme spendet. Das Entscheidende hierbei ist, dass all diese Dinge als verschiedene Arten von Energie verstanden werden können, die von beiden, Gott und der physischen Sonne, großzügig über die ganze Welt verteilt werden. Ficino besteht auf die hierarchische Beziehung zwischen Gott und physischer Sonne: Man solle nicht die Sonne als den Schöpfer aller Dinge verehren, schließlich sei sie nur der Schatten Gottes, des eigentlichen Kreators. Ja, die Sonne strahle hell, aber das Licht, das sie ausschicke, sei, laut Ficino, nicht gänzlich ihr eigenes. Das Sonnenlicht als solches ist infolge seiner Grundeinstellungen verdunkelt, genau wie die anderen Himmelskörper, die ihr eigenes natürliches Licht ausstrahlen, das weniger hell ist. Der übermäßige, von der Sonne ausstrahlende Glanz stellt, Ficino zufolge, eine Gabe dar, welche die Sonne von Gott verliehen bekommen hat: »In der Tat bietet die Sonne jenes angeborene Licht, welches in gewisser Weise verdunkelt ist, und plötzlich ein anderes, höchst evidentes Licht für die Augen, wie ein sichtbares Bild göttlicher Intelligenz und endloser Güte.«[6]

Die Tendenz, die zwei Sonnen als Gott und sein materielles Substitut zu porträtieren, entwickelt ein anderer

Renaissance-Denker weiter – der vielleicht berühmteste Schriftsteller der solarutopischen Tradition, Tommaso Campanella, der in *Die Sonnenstadt* (1602) die Religion und die Riten der Bewohner eines idealen Staats beschreibt:

> Sie verehren die Sonne und die Gestirne wie lebendige Wesen, wie Bildnisse Gottes und Tempel des Himmels, aber sie beten sie nicht an. Am meisten Ehre erweisen sie der Sonne. Kein anderes Wesen als Gott beten sie an, ihm aber dienen sie nur unter dem Zeichen der Sonne, das eben Zeichen und Antlitz Gottes ist, aus dem das Licht herrührt, die Wärme und jedes andere Ding. Darum ist der Altar auch wie eine Sonne geformt, und die Priester beten zu Gott in der Sonne und den Gestirnen, auch rufen sie die guten Engel als Fürsprecher an, die in den Sternen wohnen, ihren lebendigen Heimstätten, denn Gott offenbarte seine Herrlichkeiten vor allem im Himmel und mit der Sonne, seinem Denkmal und Bildnis.[7]

Am Ende des Buches geht Campanella so weit zu behaupten, die sinnlich wahrnehmbare Sonne, deren Licht Ficino »verdunkelt« nannte, sei nicht eigentlich gut wie Gott, sondern »übelwollend«, da »die Sonne [...] danach [trachte], die Erde zu verzehren«,[8] wohingegen »Gott [...] sich ihrer [der Erde und der Sonne] zu diesem Ziel [bediene].«[9] Dies impliziert, dass die ultrarationale Organisation der Stadt (die wir heute als Überregulierung und totale Kontrolle lesen) eher der Brutalität und der Explosivität der Sonne geschuldet ist, statt von ihrer Güte inspiriert zu sein.

Lassen Sie mich nun einen großen Sprung machen: In Nick Lands Buch *The Thirst for Annihilation*, in dem er sich mit Georges Bataille befasst, sind die zwei Sonnen nicht sichtbar oder unsichtbar beziehungsweise sinnlich oder geistig wahrnehmbar, sondern einfach schwarz und weiß:

> Eine weiße Sonne ist aus Lichtflecken geronnen, die ephemer am Rand des blinden Flecks schweben. Dies ist die illuminierende Sonne, sie gibt, was wir aufnehmen können, die Sonne, deren Strahlen der Körper als Nahrung und das Auge als (assimilierbare) Sinnesempfindung aufnimmt. Platons Sonne ist dieser Art; eine destillierte Sonne, eine Sonne, welche die wahre Essenz der Reinheit ist, die Metapher für Schönheit, Wahrheit und das Gute. Während der kalten Monate, wenn die Natur dahinzuwelken und sich zu erholen scheint, wartet man auf die Rückkehr dieser Sonne in ihrer vollen Strahlkraft. Die Fülle des Herbstes scheint ihr zu huldigen, so wie es die Alten taten.[10]

Vor diesem Traditionshintergrund verweist der Autor auf eine andere Sonne, »eine, die tiefer ist, dunkel und infektiös«.[11] Folgt man Land, so beachtet Platons Hauptfigur, Sokrates, nicht den verfemten, zerstörerischen Aspekt der schwarzen Sonne. Zentrale Bedeutung verlieh diesem Aspekt Bataille, der in den 1930er-Jahren eine eigene Theorie über die zwei Sonnen skizzierte. In seinem kurzen Essay »Verdorbene Sonne« unterscheidet er zwischen der sublimen Sonne des Geistes einerseits und der »verdorbenen« Sonne des Wahnsinns und der unerhörten Gewalt andererseits. Die erste Sonne, »sofern sie mit dem Begriff des Mittags verschmilzt«,[12] existiert »nach menschlichem Verständnis«[13] als abstraktes Ding, während die zweite auf die blutigen Kulte des Altertums und Opferrituale verweist. Bataille ruft den Mythos von Ikarus in Erinnerung, der »die Sonne klar in zwei [teilte], jene, die schien, als Ikarus sich vom Boden erhob, und jene, die das Wachs zum Schmelzen brachte und dadurch das Abfallen und den schreienden Sturz verursachte, als Ikarus ihr zu nahe kam«.[14]

Beachtenswert ist, dass es in der Zeit, die zwischen den zwei Sonnen Platons, Ficinos sowie Campanellas einerseits und Batailles andererseits liegt, eine lange Tradition der Verehrung der schwarzen Sonne in alchemistischen und okkulten Lehren gegeben hat. Ich wage zu behaupten, dass diese Tradition nicht so weit von Platons solarer Metaphysik entfernt ist, welche Land übergeht, sondern sich sogar historisch daraus ableitet: über den Neuplatonismus, Gnostizismus, Hermetismus und andere esoterische Einflüsse aus der Antike, der Renaissancekultur und Romantik. Bataille übernimmt das Symbol der schwarzen Sonne aus der christlichen Mystik, bevor Neonazismus, Neopaganismus und andere zeitgenössische esoterische Bewegungen es sich angeeignet haben.[15] Während Nick Lands Interpretation erst viel späteren Datums ist und seine eigene Philosophie einer *Dunklen Aufklärung* als Teil dieser noch nicht lange zurückliegenden Entwicklungen interpretiert werden kann, ist die Tendenz, Bataille als in schwarz gekleidetes Orakel der Reaktion darzustellen, schlichtweg falsch und muss einer anderen Sichtweise des Platonismus gegenübergestellt werden, die nicht übereinstimmt mit Lands verzerrtem Bild, ausschließlich die »destillierte« weiße Sonne anzubeten.

Nun, da das moderne Bedürfnis, gegen die alten philosophischen Autoritäten zu rebellieren, und die allergische Reaktion auf hierarchisierende Kategorien – wie dem höchsten Gut – vom Tisch sind, mache ich den Vorschlag, uns auf den dialektischen Aspekt von Platons Denken zu konzentrieren, der möglicherweise gar nicht so weit entfernt ist von der dunklen Seite der Sonne, die Bataille aufruft. Man denke an eine Zeile von La Rochefoucauld: »Weder die Sonne noch der Tod können sich unverwandt ansehen«. Diesen Vers zitiert Bataille in »Meine Mutter«, worin er ebenfalls konstatiert, »[d]er Tod war in meinen Augen nicht weniger göttlich als die Sonne«.[16] Und doch sehen wir sie an, und das göttliche Auge der Sonne blickt auf uns, obschon selbiges – wie Bataille uns insbesondere in »Die Geschichte des Auges« anvertraut – blind ist. Angenommen, Bataille und Sokrates verehren dieselbe Sonne, dann ist das wirklich Dämonische an Sokrates' Daimonion die verdeckte Andeutung, dass wir immer schon durch das Licht, das überall ist, mit seiner Dunkelheit verbunden sind. Wir tragen es in unseren Augen. Dialektisch ausgedrückt, wählen wir nicht wirklich zwischen Schwarz und Weiß; sobald wir das eine akzeptieren, erhalten wir zugleich das andere. Die Farbe wechselt je nach dem Winkel der Lichtbrechung von Schwarz zu Weiß und wieder zurück, wobei wir im Spiegel der Sonne auf die Form und Materialität der Souveränität abstellen, welche sich selbst als Prinzip politischer Gemeinschaften aufdrängt. Land attackiert in erster Linie dieses Prinzip: »Denn Sokrates haftet immer noch etwas Prometheisches an; der Versuch, Energie aus der Sonne zu gewinnen.«[17]

Was bedeutet das: Energie aus der Sonne gewinnen? Vom Blickwinkel der politischen Theologie aus betrachtet, repräsentiert die Sonne die Quelle der Autorität. Sie ist nicht nur Gott ebenbürtig, sondern auch irdischen Herrschern wie Louis XIV. – *le Roi Soleil*, dem Sonnengott – in Frankreich oder Wolodymyr – *Krasne Sonetschko*, Schöne Sonne – in der Kiewer Rus. Der Sonnenkreis wird also zu einem Herrschaftssymbol, demjenigen von Gott verliehen, der an der obersten Spitze der sozialen Pyramide steht. Aus ökonomischer Sicht wiederum ist die Sonne buchstäblich ein Brennstoff, eine Energiequelle, die abgeschöpft, umgewandelt, konsumiert und gespeichert werden kann. Die theologische Sonne ist eine Herrin, deren Brillanz jeden Betrachter in Verzückung versetzt, wohingegen die ökonomische Sonne ausgebeutet oder sogar geknechtet wird, so wie jede natürliche Ressource im sogenannten Zeitalter des Anthropozäns, in welchem Planeten und Sterne nicht mehr als Götter betrachtet werden. Und doch referieren beide Sichtweisen auf den Prometheus-Mythos, auf den Land anspielt; dieser Mythos offeriert die Figur der Sonne in zweifachem Sinne als Antwort auf die Frage: »Wie baut man die ideale Stadt?« Erstens repräsentiert die Sonne das Modell des Guten, welches das Licht der Erkenntnis spendet und ausgewählten Personen erlaubt, eine Gesellschaft zu regieren, mutmaßlich auf die bestmögliche Weise. Zweitens steht sie als Ressource einer unendlich reinen

Energie zur Verfügung, auf welche die Fürsprecher eines grünen Kapitalismus heute ihre Hoffnungen setzen.

Heißt das, dass wir die prometheische Tradition – die mit der Sonnenverehrung einsetzte und schließlich sukzessive durch Gott, König, Kaiser und so weiter substituiert wurde – schlichtweg aufgeben müssen, oder müssen wir sie durch eine Art neue Metaphysik ersetzen, die sich zum Beispiel aus der Verehrung Gaias oder von chthonischen Kulten herleitet? Obwohl dieser Trend in zeitgenössischen theoretischen Werken explizit anzutreffen ist, bin ich anderer Ansicht. Ich stelle mir vor, dass die solare Tradition sich aus sich selbst heraus überwinden kann, mit ihren eigenen Mitteln. Mit anderen Worten beinhaltet das solare Prinzip – das Bataille und Platon, Ficino, Campanella und viele andere Autoren, die ihre je eigenen Vorschläge für das große Projekt einer Sonnenstadt unterbreitet haben, nicht voneinander trennt, sondern verbindet – von Anfang an selbst den Keim jener Politik, die ich solar nennen würde und die sich zu einem Gegenmittel für solche prometheische Tendenzen wie Extraktivismus und Machtmissbrauch entwickeln kann. Die Solarpolitik bewegt sich auf einem schmalen Grat zwischen Scylla und Charybdis. Im Folgenden werde ich versuchen, mich ihr, entlang einer Reihe von durch meine Bataille-Studien inspirierten Überlegungen, anzunähern, in einem virtuellen Dialog mit anderen Autoren, die in einer Zeit der politischen, ökologischen und sozialen Tragödie, vor dem Hintergrund eines neoliberalen Kapitalismus, der COVID-19-Pandemie und dem menschengemachten Klimawandel, über Solarität, Politik und Gewalt geschrieben haben.

Bataille war ein unzeitgemäßer Denker. Und er war definitiv kein akademischer Philosoph. Die von ihm entwickelten Konzepte waren zu radikal, um in den offiziellen theoretischen Kanon einzugehen. In einer Zeit zunehmender faschistischer Mobilmachung unternahm er den Versuch, sich Vorstellungen vom Sakralen, von Gewalt und Souveränität neuerlich anzueignen und sie gegen den Faschismus in Stellung zu bringen. Auf militant unsystematische Weise respektierte er keine Grenzen zwischen den Disziplinen: In seinen Schriften verknüpft er in rasantem Tempo Anthropologie, politische Ökonomie, philosophische Ontologie, Psychoanalyse, Literatur- und Kunstkritik. Als einer der Ersten in Europa begann Bataille, den Zusammenhang zwischen Ökonomie und Ökologie zu thematisieren und über planetarische Prozesse nachzudenken, die der Mensch, obwohl er Teil davon ist, nicht wirklich einzuschätzen vermag. Batailles frühe Konzeption eines niederen Materialismus, der die heterogene Materie als Analogie zum freudianischen Unterbewussten betrachtet, und seine späteren Theorien über Natur und Gesellschaft werfen ein neues Licht auf Umweltprobleme, die heute ausgiebig diskutiert werden. Bataille schlägt in seiner Theorie einer allgemeinen Ökonomie neue Methoden vor, um eine Utopie zu entwerfen, die auf der Sonne in ihrer grellen Ambivalenz beruht.

In »L'anus solaire« (1931) wird die Sonne neben Koitus, Kadavern und dem Obskuren in einer Reihe von Dingen aufgelistet, die das menschliche Auge nicht zu ertragen vermag. Batailles Kosmologie kommt darin in ihrer Quintessenz zum Ausdruck: Der Essay skizziert das Bild von einem dynamischen und dezentralisierten Universum, in dem jedes Ding »die Parodie eines anderen ist oder dasselbe Ding in trügerischer Form«.[18] Jedes Ding kann gleichermaßen als Prinzip aller Dinge proklamiert werden und ist in zwei Primärbewegungen involviert, die ineinander übergehen – »Rotation und sexuelle Bewegung, deren Kombination ausgedrückt wird durch die Räder und Kolben der Lokomotive«.[19] Die Zirkulation planetarischer und kosmischer Energien kommt in einer unmöglich scheinenden, parodistischen Einheit von Oppositionen zum Ausdruck.[20] Die Parodie ist das Prinzip von Batailles niederem Materialismus, der die solare Dichotomie am Schnittpunkt von Erotik, Ontologie, Politik und Epistemologie einschreibt. Ihrer metaphysischen Maske des höchsten Guts entledigt, parodiert von allen möglichen Erektionen (von Pflanzen, Bäumen und Tierkörpern) sowie in die konstante Bewegung eines »polymorphen und organischen Koitus«[21] mit der Erde eingebunden, lenkt Batailles Sonne ihre »lichte Gewalt« – deren treffendstes Bild der Vulkan ist – auf diese.

Die Assoziation des Bildes von der Sonne mit Gewalt ist eines der konstant in Batailles Schriften wiederkehrenden Themen. Manchmal verleiht er diesem Bild einen Sinn, der – mit gewissen Einschränkungen – als »positiv« zu definieren ist, da Bataille sich an die Seite der Sonnen-Gewalt stellt, welche in Raserei gerät und sich mit der Quelle dieser Gewalt identifiziert – obschon das Wort »positiv« hier nicht unbedingt zutrifft, ist Bataille doch ein Denker der Negativität, gewissermaßen ein radikaler Hegelianer. Um es also noch exakter auszudrücken, schlägt er sich auf die Seite des Negativen der Sonne, von seinem Standpunkt aus ist das die Gewalt. Welche Art von Gewalt meint er? Wie kann von der Sonne oder einem anderen nicht menschlichen Ding überhaupt Gewalt ausgehen? Welchen Platz nimmt die Gewalt innerhalb des Rahmens einer Diskussion über eine mögliche Solarpolitik ein? Bevor ich auf diese Fragen eingehe, möchte ich eine Möglichkeit aufzeigen, wie Gewalt jenseits der üblichen Allgemeinplätze konzeptualisiert werden kann, die uns allen mehr oder weniger aus den Kontexten des heutigen Lebens und der zeitgenössischen Theorie vertraut sind.

I. Zwei Arten von Gewalt

Das Wort »Gewalt« dient uns als inflationäre politische Währung, die als Wechsel für alle Arten symbolischer Transaktionen herausgegeben werden kann. Da es aus der öffentlichen Politik und den Massenmedien kommend Einzug in die Alltagssprache hielt, findet es auf Handlungen und Verhaltensweisung Anwendung, die in unterschiedlichem Grad brutal sind, von Terrorismus bis hin zur Verletzung der Privatsphäre und der psychischen Autonomie einer Person. Polizeigewalt, sexuelle Gewalt, physische und emotionale Gewalt; Krieg; Gender-, häusliche, ethnische und rassistische Gewalt: Alle diese Arten erweisen sich als Universalien des gesellschaftlichen und privaten Lebens, sie bezeichnen entweder Situationen, die eskaliert und außer Kontrolle geraten sind, oder im Gegenteil: Situationen, in denen zu viel Kontrolle herrscht. Die anthropogenen Faktoren für den Klimawandel und das massenhafte Aussterben von Tier- und Pflanzenarten können ebenfalls in Begriffen der Gewalt diskutiert werden: Eine ökologische Weise, die Welt zu betrachten, geht einher mit einem Bild vom Menschen als Summe seiner Technologien, der die Erde schändet, und von einer ausbeuterischen Ökonomie, welche die Erde gleichsam als Arsenal nützlicher Ressourcen behandelt. Schlussendlich kann jedes Tun oder Lassen als Gewalt, die etwas oder jemandem angetan wird, eingestuft werden. Auch indem ich mich zwinge, dieses Buch zu schreiben, tue ich mir Gewalt an.

Angesichts der aufgezeigten Bandbreite, wie das Wort gebraucht werden kann, lassen sich beim Nachdenken über Gewalt allgemeine Tendenzen feststellen. Erstens ist Gewalt definitiv ein Thema, das moralisch geächtet ist; zweitens durchdringt der Gewaltdiskurs alle Bereiche des gesellschaftlichen Lebens, und zwar in einem solchen Ausmaß, dass es schwer ist, etwas zu finden, was nicht unter diese Etikettierung fallen würde. Gewalt ist moralisch missbilligt: Gewalt ist böse. Sie muss entlarvt und gebrandmarkt werden, ausgeschlossen, gestoppt, eliminiert, minimiert, verhindert oder bestraft. Die kulturellen Erfahrungen moderner westlicher Gesellschaften sind – bis auf wenige Ausnahmen – von einem hoch elaborierten humanistischen Werteschema geprägt. Das Thema Gewalt in einem positiv konnotierten Kontext anzusprechen, scheint daher im Widerspruch zum gesunden Menschenverstand zu stehen.

Gleichzeitig ist es eine Tatsache, dass auf dem gesunden Menschenverstand basierende Urteile nicht automatisch wahr werden, nur weil sie den gängigen moralischen Wertvorstellungen entsprechen. Zumal die Wahrheit im philosophischen Sinne durchaus direkt oder indirekt im Widerspruch stehen kann zu Urteilen und Bewertungen, die als Doxa, Dogma, Ideologie oder Nonsens verstanden werden. So betont Hegel in der *Phänomenologie des Geistes*, dass sich Gut und Böse in ihrer jeweiligen Aktualisierung einander annähern: Die Tugend ist eine Form Bewusstsein, die im Namen des abstrakten Guten agiert und gegen den Lauf der Welt ankämpft, ohne zu realisieren, dass sie selbst Teil dieses großen Tohuwabohus ist, das sie als das Böse etikettiert.[22] Nietzsche schlägt demgegenüber vor, eine Neubewertung aller Taxonomien vorzunehmen, indem er die Philosophie jenseits von Gut und Böse rückt und die Gewalt als Ursprung jeder Moral zeigt.[23] Beide, Hegel und Nietzsche, entdecken auf je spezifische Weise die Heuchelei sowie den Doppelstandard des Moralismus und schlagen alternative Ethiken vor, die von der Multidimensionalität des Lebens des Geistes (Hegel) oder des Körpers (Nietzsche) abgeleitet sind. Während Hegel die Evidenz des gesunden Menschenverstandes ironisch, aber zärtlich, von innen nach außen kehrt, demoliert Nietzsche sie unbarmherzig.

Später radikalisiert die marxistische wie linke Tradition diese antidogmatischen Tendenzen und schreibt die moralische Genealogie in die Geschichte des Klassenkampfs ein. Dass diese Tradition sich auf die Seite der Armen, Entrechteten und Unterdrückten schlägt, ist ein Affront wider die öffentliche Moral, welche die Interessen der herrschenden Klassen und privilegierter Gruppierungen vertritt und die Gewalt, die jene ausüben, als etwas Gutes darstellt. Doch genau hier, im Rahmen der linken Kritik, kommt eine äußerst spezifische Apologie der Gewalt auf, dabei handelt es sich nicht um eine Apologie staatlicher Gewalt, der Polizeigewalt oder allgemeiner der Gewalt des Stärksten. Worum es hier geht, ist nicht der Missbrauch von Macht, verkleidet als etwas gemeinhin Gutes, sondern die gewaltsame Wiederherstellung der Gerechtigkeit, die der gesellschaftlichen Unterdrückung ein Ende bereiten soll. Es ist nicht die Sphäre der Moral, sondern eine politische Perspektive, welche diese neue, allgemeine Übereinkunft revolutionärer Gewalt generiert, deren Entschuldbarkeit in Hinblick auf historische Präzedenzfälle, von der Pariser Kommune bis zur aktuellen Black Lives Matter-Bewegung und anderen populären Bewegungen, diskutiert wird.

Negation der Negation

Im 20. Jahrhundert wagten einige kluge Köpfe, von verschiedenen Arten emanzipatorischer Gewalt zu sprechen – unter anderem Georges Sorel, Walter Benjamin und Frantz Fanon. Es gibt, mit gewissen Einschränkungen, gute Gründe anzunehmen, dass Bataille seinerseits zu dieser Kategorie Denker gehört, obschon seine Theorie der Gewalt sich deutlich von den anderen abhebt. Im Folgenden möchte ich mich mit diesen Gründen befassen, die Konzeptionen dieser Denker einander gegenüberstellen, die Spezifik von Batailles Position näher erläutern, um so ein Argument für deren Wichtigkeit ins Feld zu führen.

Es gibt mindestens zwei Aspekte, unter denen die von Sorel, Benjamin, Fanon und Bataille entwickelten Gewalttheorien – auf der formal-strukturellen Ebene – Gemeinsamkeiten aufweisen, trotz erheblicher Unterschiede.

Erstens die Idee, dass es zwei antagonistische Arten von Gewalt gibt. Die wahre Gewalt (Sorel), die göttliche Gewalt (Benjamin), die absolute Gewalt (Fanon) und die heilige Gewalt (Bataille) werden einem tatsächlich existierenden System legitimer Gewalt gegenübergestellt, auf dem die alten, ausbeuterischen, kolonialen oder profanen Herrschaftsregime basieren. Sorel betrachtet die übergeordnete proletarische Gewalt des Generalstreiks im Gegensatz zu der brutalen Gewalt des kapitalistischen Staatssystems; Benjamin führt eine göttliche beziehungsweise revolutionäre Gewalt ein, eine Gewalt, welche die Gewalt des Gesetzes bestreitet; Fanon formuliert die Idee, dass die kolonialisierten Menschen einen Widerstand üben, der gewaltsamer und brutaler ist als das koloniale Regime, gegen das die Menschen ankämpfen.

Zweitens besteht eine explizite Asymmetrie zwischen diesen beiden Arten von Gewalt. Der zweite Typ ist vertikal, rebellisch, emanzipatorisch oder erlösend – diese Gewalt ist eine Reaktion auf die Gewalt des ersten Typs oder einfach auf die Unterdrückung. Allerdings ist die Gewalt der Unterdrückten mehr als ein bloßes Zurückschlagen – in diesem Fall wären die einander gegenüberstehenden Seiten Variablen wären, die lediglich ihre Positionen tauschen würden, während die Formel insgesamt dieselbe bliebe. Weder gleicht noch spiegelt sie die tatsächlich existierende Gewalt, die sie evoziert hat, noch ist die Gewalt der Unterdrückten in deren Sprache übersetzbar, geht sie doch darüber hinaus und transferiert sie eben dadurch gleichsam auf ein neues Niveau beziehungsweise auf eine neue Möglichkeitsebene, wodurch sich wiederum ihre utopische Dimension eröffnet.

Diese beiden Aspekte konstituieren die dialektische Struktur der doppelten Negation. Der Punkt ist nicht, dass wir gegen eine Mauer rennen, sondern dass die emanzipatorische Gewalt mit der Negation der Negation korrespondiert: Beispielsweise negiert die Gewalt der Polizei die persönliche Freiheit, während die Gewalt der Demonstranten gegenüber der Polizei, indem sie diese Negation negiert, die wahre Freiheit bestätigt, die zuvor nur in Form einer abstrakten Idee existierte, jetzt aber real wird. So wurden während der Proteste gegen die Fake-Wahlen im August 2019 in Moskau eine ganze Reihe von Leuten wegen zivilen Ungehorsams und Gewalt gegen die Polizei verurteilt. Was sie getan hatten, waren eigentlich Bagatellen, sie warfen etwa leere Pappkaffeebecher oder Plastikflaschen in Richtung einer Gruppe von Polizisten, die mit Schlagstöcken auf Menschen einschlugen. Das Verhalten der Demonstranten wirkt angesichts dessen regelrecht harmlos und im positiven Sinne unverhältnismäßig: Was ist ein federleichter Pappbecher oder eine Plastikflasche gemessen an dem Schlagstock eines Polizisten? Und dennoch ist dieses Verhalten laut den Strafverfolgungsbehörden eindeutig als Gewalt einzustufen. Wieso? Weil hier die Freiheit am Werk war. Auf einen Schlag macht die Wahrheit des vorsätzlichen Handelns den Pappbecher zu etwas, was mehr wiegt als der Schlagstock. Die Gewalt der Polizei ist nicht absolut; es gibt immer eine mögliche Antwort darauf, und diese Antwort ist von dem Akt der Unterdrückung verschieden, der sie provoziert hat.

Natürlich stammen die hier diskutierten Theorien aus unterschiedlichen historischen Zusammenhängen, und den Autoren gingen völlig unterschiedliche Beispielsfälle durch den Kopf, als sie zwei verschiedene Arten von Gewalt in ihren eigenen größeren Projekten differenzierten: Sorel in seinem Anarcho-Syndikalismus, Benjamin in seiner politischen Theologie, Fanon in seiner Dekolonisierung und Bataille in seiner allgemeinen Ökonomie. Und doch ist es aufgrund einer Art strukturellen Homologie möglich, diese Theorien miteinander ins Gespräch zu bringen, in ein Gespräch, das im Geist des heutigen Lebens seinen Widerhall findet. Unter den gegenwärtigen Philosophen ist Slavoj Žižek derjenige, welcher sich anschickt, diese Tradition fortzuführen. Ihm zufolge gibt es zwei Arten von Gewalt: die objektive und die subjektive.[24] Unter die subjektive Gewalt fallen die alleroffensichtlichsten Sachverhalte wie Verbrechen, wogegen der erste Typ, die objektive Gewalt, nicht sichtbar ist, der Norm entspricht und selbst in zwei Arten unterteilt ist: die symbolische Gewalt (die sprachliche Gewalt oder die Gewalt auf einer symbolischen Ebene) und die systemische Gewalt (die Gewalt des Kapitalismus). Nicht die Toleranz, sondern der Kampf gegen diese Art von Gewalt eint die Menschen und vermittelt ihnen einen Sinn von Solidarität. Paradoxerweise ist die zweite Art von Gewalt durch die Negativität der Liebe motiviert. Wie Žižek in dem Schlusskapitel des Buches über Gewalt mit Blick auf Benjamin erläutert: »*Der Bereich der reinen Gewalt*, der Bereich, der sich jenseits des Gesetzes (der Rechtsmacht) befindet, der Bereich, in dem die Gewalt weder Recht setzt noch dem Gesetz treu bleibt – *dieser Bereich ist das Reich der Liebe.*«[25]

Generalstreik

Georges Sorels *Über die Gewalt* ist eine der Hauptreferenzen in jeder substanziell fundierten theoretischen Diskussion zu diesem Thema. In diesem Buch sind die Gewaltakte in eine Klassenpolitik eingebettet: »Diese [Akte] vermögen nur dann historischen Wert zu besitzen, wenn *sie der brutale und klare Ausdruck des Klassenkampfes sind*«.[26] Sorel beschreibt den Klassenkampf in einer marxistischen Terminologie als eine revolutionäre Bewegung des Proletariats, die sich gegen die Bourgeoisie richtet. Letztere gibt immer dem Frieden den Vorzug, das heißt, sie will den Status quo konservieren. Sorel trifft eine klare Unterscheidung zwischen den beiden Begriffen »Macht (force)« und »Gewalt (violence)«, genauer: »Das Bürgertum hat seit Beginn der Neuzeit die *Macht* angewendet, während heute das Proletariat gegen sie und gegen den Staat auf dem Wege der *Gewalt* reagiert«.[27] Was ich »Gewalt des ersten Typs« nannte, etwa die Gewalt des Staates oder der Polizei, ist für Sorel nicht wirklich Gewalt, sondern Macht, deren Rolle ist es, »die Organisation einer bestimmten sozialen Ordnung aufzurichten«.[28] Der Staat und seine Unterdrückungsapparate – das Militär, die Polizei – agieren, indem sie regelmäßig Macht ausüben. Im Gegensatz dazu kann die wahre Gewalt nur Typ zwei sein; die wahre Gewalt verkörpert eine kreative Sehnsucht und die Intention, die herrschende Ordnung zu zerstören und den Willen der Menschen umzusetzen. Sorels Vorstellung von revolutionärer Gewalt ist der proletarische Generalstreik: Im Gegensatz zu der Macht, die der Staat einsetzt, um die bürgerliche Ordnung sowie die Illusion von der Einheit der Gesellschaft aufrechtzuerhalten, bringt wahre Gewalt den Klassenantagonismus ohne Blutvergießen zum Eskalieren. Die revolutionäre Gewalt verhält sich demnach asymmetrisch zu der Macht, die einer bestimmten Minderheit zur Verfügung steht, um ihre Macht zu bewahren. Der Gewaltaspekt des proletarischen Generalstreiks entfaltet sich selbst wiederum in jenem Moment, in welchem er den gesamten Produktionsprozess stoppt und somit die Maschinerie des kapitalistischen Staates zum Stillstand bringt.

Die Geschichte kennt viele Beispiele für den Generalstreik als extrem potentes Instrumentarium im emanzipatorischen politischen Kampf; zuletzt etwa die Streiks der Gelbwestenbewegung, die im Oktober 2018 in Frankreich begannen, oder der sich auf das gesamte Staatsgebiet erstreckende Streik in Belarus im Oktober 2020, der Teil der Proteste gegen das repressive Regime Alexander Lukaschenkos war. Diesen und anderen solcher Bewegungen gelang es nicht, den Staat zu stürzen – und doch lehrt uns die Geschichte, dass der Generalstreik einen politischen Regimewechsel herbeiführen kann. Das geschah beispielsweise in meiner Stadt, St. Petersburg, im Jahr 1905, als der Streik einer Massenbewegung in die Erste Russische Revolution mündete, gefolgt von der Gründung des Parlaments (Duma), der Ausarbeitung einer Verfassung und der Einführung des Mehrparteiensystems. Diese Ereignisse veränderten zwar nicht die Klassenzusammensetzung der Gesellschaft insgesamt, doch standen sie am Anfang eines lawinenartigen Prozesses. Im Januar 1917 hielt Lenin einen Vortrag, in dem er die historische Bedeutsamkeit der Revolution von 1905 betonte: »Die russische Revolution ist *die erste* – sie wird sicher nicht die letzte – große Revolution in der Weltgeschichte sein, in der der politische Massenstreik eine ungemein große Rolle spielte.«[29] Allerdings reiche der Generalstreik Lenin zufolge – der darüber mit Syndikalisten debattiert – allein nicht aus und müsse »im gegenwärtigen Zeitabschnitt der Bewegung nicht so sehr als ein selbstständiges Kampfmittel denn vielmehr als ein Hilfsmittel für den Aufstand« betrachtet werden,[30] wie er 1906 erklärte. Der friedliche Generalstreik kann den Staat nicht zerstören, ohne dass er den nächsten Schritt tut und in einen bewaffneten Aufstand übergeht. Offensichtlich wusste Lenin, wovon er sprach. Im Februar 1917 wandelte sich der Generalstreik in eine weitere bourgeoise-demokratische Revolution: Zu der Arbeiterbewegung gesellten sich bewaffnete Kräfte, und die Monarchie wurde gestürzt. Der Kampf ging weiter, und in nur wenigen Monaten transformierte die sozialistische Oktoberrevolution das ehemalige Russische Zarenreich in die proletarische Sowjetrepublik. Sorel schrieb *Über die Gewalt* 1906, kurz nach der Russischen Revolution von 1905. Was 1917 passierte, inspirierte Sorel, seine Ausführungen zu ergänzen: 1919 fügte er der vierten Auflage des Buches einen Anhang hinzu – »Für Lenin«. Darin verlieh er seiner Bewunderung für den bolschewistischen Führer Ausdruck.

Man darf nicht vernachlässigen, dass es sich bei historischen Streiks keineswegs um Generalstreiks im Sinne Sorels handelt. Er diskutiert die aus den politischen Streiks resultierende Erfahrung und führt aus, dass – im Gegensatz zu diesen – der Generalstreik sich nicht selbst auf die Befriedigung etwaiger konkreter Forderungen beschränken dürfe, etwa Lohnsteigerungen oder die Reduzierung der Arbeitszeit. Stattdessen müsse der Generalstreik darauf abzielen, das existierende System des Machtgefüges als solches – das bedeutet, den Staat – zu zerstören. Der Generalstreik könne seine Ziele innerhalb des existierenden Regimes nicht erreichen, sondern müsse diesem vielmehr ein Ende setzen. In diesem Sinne ist der Generalstreik *unlimitiert* und in Sorels Begriffen ein *Mythos*. Dies entkräftet die Bedeutung des Generalstreiks indes keinesfalls. Im Gegenteil: »*Die Ganzheit des Mythos ist allein von Bedeutung*«.[31] Der Mythos vermittelt den Menschen ein perfektes Bild von dem, wofür sie kämpfen. Der Vorteil des Mythos liegt darin, dass er eine machtvolle positive Ladung freisetzt und imstande ist, die für eine emanzipatorische Massenaktion nötige Energie zu mobilisieren:

> Selbst wenn sich nämlich die Revolutionäre ganz und gar täuschen würden, indem sie sich vom Generalstreik ein phantastisches Bild entwürfen, so könnte dennoch dieses Bild während der Vorbereitung zur Revolution ein Element der Kraft ersten Ranges dargestellt haben: wofern es nämlich in vollkommener Weise alles Trachten des Proletariats hat zur Geltung kommen lassen und wofern es der Gesamtheit der revolutionären Gedanken eine Bestimmtheit und Unbeugsamkeit verliehen hat, die andere Denkweisen nicht hätten zuwege bringen können.[32]

Der proletarische Generalstreik als universaler Akt des zivilen Ungehorsams ist der Aufstand, der den Mythos über die Rationalität pragmatischer Ziele erhebt, denn er stiftet den Menschen in ihrem historischen Kontext einen kohärenten Sinn. Das Problematischste an diesem *mythic turn* ist, dass dieser Sorels Theorie für die Faschisten fruchtbar machte. Radikale Theorien dieser Art laufen immer Gefahr, missbraucht oder in die falsche Richtung gelenkt zu werden. Allerdings bedeutet das nicht, dass sie dadurch ihren ursprünglichen progressiven Gehalt verlören. Ich denke, es lohnt, für die Legitimität von Sorel, Bataille, Nietzsche und anderen Autoren zu kämpfen, deren Ideen Raum lassen für gegensätzliche politische Interpretationen. Sorels Theorie der Gewalt ist auf der Seite der Unterdrückten, und allein deshalb lässt sie sich nicht wirklich mit der extremen Rechten in Verbindung bringen, die immer auf der Seite der Macht oder der Gewalt des ersten Typs steht.

Göttliche Gewalt

Benjamin verfasste den Essay »Zur Kritik der Gewalt« im Winter 1920/21, in dem schrecklichen historischen Augenblick nach der sozialistischen Revolution, als der sogenannte Rote Terror in Russland wütete. Laut Benjamin sind all unsere Ambitionen zu entscheiden, welche Gewalt legitim ist und welche nicht, gefangen innerhalb des Bereichs des Rechts, wobei das Recht selbst Gewalt ist – »irgendetwas Morsches [ist] im Recht«.[33] Jede gesetzlich legitimierte Gewalt ist entweder rechtsetzend oder rechtserhaltend.[34] Entweder zielt sie darauf ab, die herrschende Ordnung der Dinge zu bewahren oder diese durch eine neue zu ersetzen und das neue Gesetz an die Stelle des alten zu setzen. Die rechtsetzende und die rechtserhaltende Gewalt sind zwei Seiten derselben Medaille: Beide sind sie an die staatliche Macht gebunden. In beiden Fällen wird Gewalt als Mittel betrachtet, um bestimmte Ziele zu erreichen, und wenn wir über die Zwecke urteilen, beurteilen wir zugleich die Mittel, die entweder gerecht oder nicht gerecht sind. Was Benjamin vorschlägt, ist, dass wir das Zusammenspiel von Mittel und Zweck beiseitelassen, auf die Zwecke vergessen, und die Gewalt in Begriffen reiner Mittel diskutieren. Das klingt paradox, da die Mittel normalerweise als sekundär und den Zwecken untergeordnet gedacht werden. Allerdings macht diese Emanzipation der Vermittlung, wie Sami Khatib erklärt, von einer teleologischen Perspektive des Endzwecks durchaus Sinn.[35] Es ist in der Tat eine Einübung in materialistische Dialektik. Jenseits der Teleologie, innerhalb derer jeder Akt von Gewalt ein bestimmtes Ziel verfolgt, wird sie zu einer reinen Manifestation. Ich kann eine Mauer einreißen, ohne ein bestimmtes Ziel zu verfolgen, aus purem Zorn. Nun ja, allein kann ich es nicht, aber *wir* können das.

Im Bemühen zu erklären, was »reine Mittel« sind, verweist Benjamin auf die von Sorel getroffene Unterscheidung zwischen politischem und proletarischem Generalstreik. Den politischen Streik, die Unterbrechung der Arbeit, setzen Politiker jedweder Couleur ein, er dient als Mittel, um die Führungsriege auszuwechseln oder bessere Arbeitsbedingungen zu schaffen, während die Machtstrukturen mehr oder weniger gleich bleiben, wenn auch verbessert und gesichert. In Benjamins Begriffen ist der Wechsel der Führungsriege oder das Umsetzen neuer Regeln und Bedingungen eine rechtsetzende Gewalt, während der proletarische Generalstreik anarchistisch oder rechtszerstörerisch ist. Letzterer verfolgt weder ein positives Programm noch irgendein Projekt der Rechtsetzung. Wozu dient der Generalstreik dann? Das ist nicht die Frage, die wir stellen sollten. Lasst uns einmal den Versuch unternehmen, nicht teleologisch zu denken. Er ist reine Gewalt – das heißt, die Gewalt ist einzig und allein sich selbst untergeordnet. Das ist der Sinn der reinen Mittel, den Benjamin aufruft, wenn er Sorel zitiert: »[D]ie Revolution erscheint als eine klare, einfache Revolte und es ist ein Platz weder den Soziologen vorbehalten noch den eleganten Amateuren von Sozialreformern, noch den Intellektuellen, die es sich *zum Beruf gemacht haben, für das Proletariat zu denken.*«[36]

Da wir nun Gewalt in ihrer reinen Manifestation erkannt haben, ergibt sich eine neue Differenzierung: zwischen mythischer und göttlicher Gewalt. Obschon die mythische Gewalt bei Benjamin – anders als bei Sorel – nicht zwangsläufig mit dem unmittelbaren Willen der Menschen und dem Arbeiterstreik verbunden ist. Ganz im Gegenteil: Die mythische Gewalt ist das, was die Macht des Gesetzes und somit die Macht des Staates manifestiert, gegen welche Sorels Proletariat rebellierte. Benjamins Beispiel für mythische Gewalt ist der griechische Mythos von Niobe, die für ihre Überheblichkeit bestraft wurde, prahlte sie doch damit, vierzehn Kinder zu haben, wohingegen die Göttin Leto nur zwei hat. Leto sandte ihre Zwillinge, Apollon und Artemis, um alle Kinder Niobes zu töten; deren Kummer verwandelte sie zu Stein. Laut Benjamin ist Niobes Strafe ein Akt der Rechtsetzung, in dem die Gewalt des Rechts und die Macht der Götter aufs Engste miteinander verknüpft sind: »Rechtsetzung ist Machtsetzung und insofern ein Akt von unmittelbarer Manifestation der Gewalt.«[37] Ein anderer Name für diese Macht ist Schicksal: etwas, das von oben kommt, das man zu akzeptieren hat. Jede legale Gewalt – sowohl die rechtsetzende als auch die rechtsbewahrende –, entspricht der mythischen Gewalt, die Benjamin als »verheerend«[38] bezeichnet, bekundet sie doch die Macht der Stärksten als Macht des Rechtes. Benjamin gebraucht zwei Begriffe für jede mythische Gewalt – »legislativ« für die rechtsetzende Gewalt und »exekutiv« für die rechtsbewahrende Gewalt: Diese beiden Funktionen koinzidieren perfekt in solch einer »[s]chmachvollen«[39] Institution wie die der Polizei, welche im Namen des Gesetzes Gewalt ausübt.

Der zweite Typ Gewalt, den Benjamin die »göttliche« nennt, ist – im Gegenteil zu dem, was manche darunter verstehen mögen – weder diejenige, welche von Gott kommt, noch die, welche im Namen Gottes verübt wird, sondern vielmehr diejenige, die gewissermaßen anstelle Gottes geschieht. Man stelle sich – ganz simpel und paradigmatisch – folgende Situation vor: Jemand wurde brutal von einem Polizisten zusammengeschlagen. Für die Menschen in Ländern wie Russland ist das nichts Außergewöhnliches: Wenn du einen Polizisten siehst, geh lieber in Deckung, denn diese Typen können buchstäblich Hackfleisch aus dir machen. Das passiert zum Beispiel während Demonstrationen oder Protestmärschen. Das Gesetz ist immer aufseiten des Polizisten, aber nichts und niemand scheint auf der Seite der verprügelten Menschen zu stehen. Und doch gibt es da etwas.

In diesem Zusammenhang habe ich das Bedürfnis, einen Fall zu erwähnen, der sich 2021 zugetragen hat. Es war im Januar dieses Jahres, dass Russen, auch Nichtgläubige, bevor sie zu einem Protestmarsch gegen Putin und sein nunmehr seit zwanzig Jahren die Staatsmacht innehabendes Gefolge auf den Weg machten, zueinander sagten: »Möge Gott mit dir sein!«.[40] Jedem war sonnenklar, dass sich dieses Regime ausschließlich vermittels eines unglaublichen Aufgebotes an polizeilicher Gewalt und geschürter Angst halten konnte. Jeder wusste, dass jeder dafür – aus freien Stücken auf die Straße zu gehen, und zwar ohne Autorisierung – festgenommen, zusammengeschlagen, wegen einer Strafsache vor Gericht gebracht, gekündigt oder seiner Familie oder vielleicht seines Lebens beraubt werden könnte. Nichtsdestotrotz gingen Tausende Menschen in allen Regionen dieses riesigen multinationalen Landes auf die Straße, von Wladiwostok im fernen Osten bis Kaliningrad an der Westgrenze, sie alle nahmen das Risiko in Kauf, ohne jede Hoffnung auf Veränderung, einfach aus Wut. »Gott sei mit Dir!« hieß, dass nichts den Streikenden wirklich helfen konnte, und dennoch warfen sie mit Schneebällen nach den Polizisten. Die Situation des Staatsterrors macht deutlich, wie das Gesetz selbst zu einem Beleg für absolute und ultimative Ungerechtigkeit wird, die schicksalshaft erfahren wird. Und dennoch gibt es da eine Möglichkeit für eine andere Art von Gewalt, die außerhalb des Gesetzes steht. Mögen wir auch nicht das Recht haben, uns dem Repräsentanten des Staates entgegenzustellen, der uns den Arm verdreht, so bleibt uns immerhin noch diese riskante letzte Möglichkeit (plötzlich verfügen wir über jede Menge Schnee). Der einzige Gott in diesem Kontext ist die Existenz der Menschen selbst, die sich in Zorn manifestiert. Dies ist eine der Arten, um die unverfälschte oder göttliche Gewalt zu verstehen, deren höchste Manifestation Benjamin zufolge die revolutionäre Gewalt ist.

Die göttliche Gewalt bildet in jeder Beziehung das Gegenteil zu der mythischen Gewalt:

> Ist die mythische Gewalt rechtsetzend, so die göttliche rechtsvernichtend, setzt jene Grenzen, so vernichtet diese grenzenlos, ist die mythische verschuldend und sühnend zugleich, so die göttliche entsühnend, ist jene drohend, so diese schlagend, jene blutig, so diese auf unblutige Weise letal.[41]

Das von Benjamin angeführte Beispiel ist an sich extrem problematisch. Er referiert auf die Strafe des Korach, der eine Rebellion gegen Moses und Aaron angeführt hatte. Laut dem 4. Buch Mose, »Numeri«, vernichtete Gott Korach und alle seine Mannen samt Familien ebenso wie diejenigen, die ihn unterstützt hatten.[42] Was wie ein Massaker aussieht, ist von Benjamins Warte aus gesehen keines. Dafür muss man die Aufmerksamkeit auf die paradoxale Definition lenken: »auf unblutige

Weise letal«. Der Boden tat sich auf unter den Füßen der Menschen und das Höllenfeuer verschlang sie bei lebendigem Leib. Allen erdenklichen Gesetzen zuwider geschah ein furchterweckendes Wunder wie von selbst. Wie Benjamin erklärt, trifft in diesem Fall »Gottes Gericht [...] Bevorrechtete, Leviten, trifft sie unangekündigt, ohne Drohung, schlagend und macht nicht halt vor der Vernichtung. Aber es ist zugleich eben in ihr entsühnend und ein tiefer Zusammenhang zwischen dem unblutigen und entsühnenden Charakter dieser Gewalt nicht zu verkennen«.[43] Dieses krasse Beispiel zeigt, dass Benjamin die göttliche Gewalt weder idealisiert noch romantisiert. Die »schlechte« mythische und die »gute« göttliche Gewalt stehen nicht in Opposition zueinander. Die göttliche Gewalt kann tatsächlich alles Mögliche sein – von rühmlich bis hin zu monströs –, wir können nie sicher sein. Wir sind nicht einmal imstande, darüber zu urteilen, ob sie nun wirklich göttlich ist oder nicht, weil ihre entsühnende Macht laut Benjamin »für Menschen nicht zutage liegt«.[44] Die göttliche Gewalt ist in zweifacher Hinsicht eine »souverän« waltende: Erstens dient sie keinem Ziel. Zweitens steht sie außerhalb des Gesetzes. Sie hat nichts, auf das sie sich berufen muss; sie beruft sich nicht auf einen Polizisten, eine Autorität oder Gott. In Žižeks Worten ist es eine Gewalt, die »durch den großen Anderen nicht gedeckt ist«.[45]

Und genau, weil es keine sie stützende Autorität gibt – sei sie religiös, moralisch oder juristisch –, ist es so, dass die Gewalttaten außerhalb des Gesetzes voll von denen zu verantworten sind, die agieren: Sie wissen, dass sie das Gesetz brechen. In dieser Hinsicht ist Benjamins

Reflexion über letale Gewalt höchst bemerkenswert. Haben Menschen das Recht, einander zu töten? Nein, dieses Recht »wird nicht eingeräumt«.[46]

Auf jede Frage dieser Art ist die Antwort das Gebot: »Du sollst nicht töten.« Aber das funktioniert nur im rechtlichen Bereich. Man kann dem Gebot Folge leisten oder nicht, aber wenn man sich entscheidet, es zu brechen, trägt man für seine Tat die alleinige Verantwortung: Das Gebot existiert als »Richtschnur des Handelns für die handelnde Person oder Gemeinschaft, die mit ihm in ihrer Einsamkeit sich auseinanderzusetzen und in ungeheuren Fällen die Verantwortung, von ihm abzusehen, auf sich zu nehmen haben«.[47] Was Benjamin im Sinn hat, ist eine Vielzahl von Fällen, angefangen bei der jüdischen Tradition, wo das Töten im Falle der Selbstverteidigung nicht verurteilt wird, bis hin zu revolutionärem Terror. Die Trennlinie zwischen dem Mythischen und dem Göttlichen lautet wie folgt: Wenn Töten ein Mittel ist, das bestimmten Zwecken innerhalb der Rechtsordnung dient, dann ist das definitiv mythisch. »Ich habe bloß das Gesetz verteidigt«, sagt der Polizist, der eine Person auf der Straße getötet hat. Gegenüber einem solchen singulären Akt mythischer Gewalt setzt eine vom Zorn der Menschen ausgelöste Lawine alles in Brand. Bedeutet dies, dass Benjamin Terror rechtfertigt? Solche voreiligen Schlüsse sollte man auf keinen Fall ziehen, denn den Terror zu rechtfertigen würde bedeuten, Urteile zu fällen, die bereits dem rechtlichen Bereich unterliegen. Benjamin rechtfertigt nicht, er fällt kein Urteil darüber, ob etwas gut oder schlecht ist, sondern zeigt die Stelle auf, von der die Gewalt ausgeht.

Lassen Sie mich ein anderes Beispiel anführen, das auf den ersten Blick weniger politisch scheint. Im Juli 2018 töteten die drei Schwestern Krestina (19), Angelina (18) und Maria (17) ihren Vater, Mikhail Khachaturyan, in Moskau. Als sie verhaftet wurden, sagten sie aus, dass sie von diesem Mann physisch, sexuell und emotional missbraucht worden waren; über Jahre hatte er sie in Sklaverei gehalten. Khachaturyan hatte den Mädchen nicht erlaubt, zur Schule zu gehen. Er hatte sie unausgesetzt geschlagen, erniedrigt und vergewaltigt. Er war eine angesehene Persönlichkeit mit viel Macht und Beziehungen gewesen, auch in Polizeikreisen. Nachbarn und Bekannte hatten Angst vor ihm gehabt. In Russland wird häusliche Gewalt nicht strafrechtlich verfolgt; es gibt im Grunde kein rechtliches Mittel, um Frauen und Kinder in solchen Fällen zu schützen. Und doch fanden die Mädchen einen Weg, um sich selbst zu verteidigen: Sie griffen ihren Vater mit einem Hammer, einem Messer und Pfefferspray an, als dieser schlief. Die Mädchen wurden wegen vorsätzlichen Mordes angeklagt, was zu Gefängnisstrafen von acht bis zu zwanzig Jahren führte.[48]

Dieser Fall veranschaulicht den von Benjamin aufgezeigten Konflikt zwischen den beiden Gewaltarten überdeutlich. Einerseits geht es um die Gewalt der symbolischen Ordnung, repräsentiert von der Figur des omnipotenten Vaters, der sogar über seinen Tod hinaus die eigenen Töchter mit der mythischen Macht des Gesetzes terrorisiert, die ihn in seinem Recht als den Stärksten legitimierte; dass Polizei und die staatliche Rechtsordnung auf der Seite des Vaters waren, ist nicht überraschend.

Andererseits geht es hier um die göttliche Gewalt der Töchter, sie übernehmen die volle Verantwortung und bekennen sich zu ihrer Schuld, zu dem von ihnen verübten Akt reiner und unmittelbarer Gerechtigkeit, welcher mit der väterlichen Ordnung des Gesetzes bricht. Ja, sie töten, ja, sie brechen das Gesetz, aber ihre Verurteilung und Inhaftierung führen die Ungerechtigkeit unmittelbar vor Augen. Es ist schwer, der Versuchung zu widerstehen, diesen Fall analog zu dem berühmten freudschen Mythos der Ermordung des Vaters der Urhorde durch eine Gruppe von Brüdern zu interpretieren. Dieser kollektiv verübte Gewaltakt markiert laut Freud den Beginn der Menschheit. Betrachtet man diese Analogie allerdings durch die Linse der benjaminschen Gewalttheorie etwas genauer, ist ersichtlich, dass die Gewalt der Brüder mythisch in dem Sinne ist, dass sie rechtsetzend ist: An die Stelle des väterlichen Machtmissbrauchs setzen sie ihr eigenes Recht. Demgegenüber zerstört die Gewalt der Schwestern das Recht, sie dient keinem Ziel: Die Schwestern widersetzen sich ihrem Schicksal. Ihre Tat ist mit den ödipalen Machtkämpfen unvereinbar; sie eröffnet eine andere Dimension des Lebens. Darüber steht niemandem ein Urteil zu.

Es hat den Anschein, als bestünde eine Affinität zwischen der benjaminschen göttlichen Gewalt und der Idee eines göttlichen Gesetzes, das Hegel zu Beginn des sechsten Kapitels seiner *Phänomenologie des Geistes* einführt, worin er die Analyse der Grundlagen der traditionellen Genderstruktur in die Dialektik der familiären und gesellschaftlichen Felder einschreibt. Mit Hegel ist das göttliche Gesetz das Gegenteil zu dem menschlichen

Gesetz. Das menschliche Gesetz gilt für den Bereich des öffentlichen Rechts oder das Recht der Polis (namentlich der griechischen Polis). Es repräsentiert die Welt der sozialen Kommunikation und der moralischen Macht des Staates, die Hegel mit dem Licht des Tages vergleicht und als männlich identifiziert. Das göttliche Gesetz hingegen ist die Instanz eines unmittelbaren ethischen Bewusstseins, das nicht der Konsultation eines geschriebenen Gesetzes bedarf, um zu wissen, wie es zu handeln hat: Es weiß immer schon, was zu tun ist. Es ist unbewusst und weiblich, entstammt dem Reich der Unterwelt, wie Hegel es nennt, und überwiegt innerhalb der Familie als Gegensatz zur öffentlichen Sphäre des Staates und der Regierung. Hegel befasst sich mit Antigone, die es wagt, ihren Bruder Polyneikes begraben zu wollen, trotz des von Kreon, dem König der Stadt Theben, verhängten Verbotes. Antigone verstößt absichtlich gegen die menschliche Rechtsordnung zugunsten des göttlichen Gesetzes. Hegel kommentiert das folgendermaßen: »Aber das sittliche Bewußtsein ist vollständiger, seine Schuld reiner, wenn es das Gesetz und die Macht *vorher kennt*, der es gegenüber tritt, sie für Gewalt und Unrecht, für eine sittliche Zufälligkeit nimmt, und wissentlich, wie Antigone, das Verbrechen begeht.«[49]

In der Tat besteht der grundlegende Unterschied zwischen Hegels göttlichem Gesetz und Benjamins göttlichen Gewalt darin, dass Letztere überhaupt kein Gesetz ist. Über Hegels Antigone steht etwas Substanzielles. Diese Substanz, die Hegel »Pathos« nennt, realisiert sich im Handeln der Figur. Antigones Pathos gilt der Tradition, der sie angehört: Als liebende Schwester muss sie ihren Bruder beerdigen. Im Gegensatz dazu haben die Khachaturyan-Schwestern – Krestina, Angelina und Maria – keinerlei Pathos. Über oder hinter ihrem Gewaltakt steht keine höhere Ordnung, insofern kann dieser als reines Mittel verstanden werden. Was mich dazu bewogen hat, diese beiden Fallbeispiele zusammenzubringen, war – jenseits dessen, eine bestimmte unmittelbare Handlung als göttlich zu attribuieren – die Schwesterlichkeit. »Das Weibliche hat daher als Schwester die höchste Ahndung des sittlichen Wesens«,[50] so Hegel. Dieser Standpunkt führt uns zu der Vorstellung von der Souveränität der Schwesterlichkeit. Anders als die Brüderlichkeit, die immer mit positiven Gesetzen und Werten verbunden ist, kann sie nicht mit der Stellung der Macht, die entweder mythische oder menschliche Gesetze manifestiert, kongruieren – sie steht dazu vielmehr immer in Opposition.

In den Kolonien

Während Benjamins Essay Spielraum lässt, zwischen den Zeilen zu lesen und ihn unterschiedlich zu interpretieren, ermutigt Frantz Fanon in *Die Verdammten dieser Erde* (1961) offen und geradeheraus seine Verbündeten zu bewaffnetem Widerstand. Im Gegensatz zur Gewalt der herrschenden Klassen in den europäischen Ländern, die sich selbst schützt durch »[d]as Unterrichtswesen, gleichgültig, ob weltlich oder religiös; die Ausbildung von moralischen Reflexen, die vom Vater auf den Sohn übertragen werden; die vorbildliche Anständigkeit von

Arbeitern, die nach fünfzig Jahren guter Dienste mit einer Medaille bedacht werden« und anderen »geradezu ästhetischen Formen des Respekts vor der etablierten Ordnung«,[51] ist die Gewalt in den Kolonien transparent: »der Gendarm und der Soldat, die, ohne jede Vermittlung, durch direktes und ständiges Eingreifen den Kontakt zum Kolonisierten aufrechterhalten und ihm mit Gewehrkolbenschlägen und Napalmbomben raten, sich nicht zu rühren.«[52] Die indigene Bevölkerung wird gedemütigt und ihrer persönlichen Freiheit beraubt; ihre Welt ist beengt, voll von Verboten, es ist eine Welt, die »nur durch die absolute Gewalt in Frage gestellt werden kann«.[53] Die Kolonialherren erwarten von der indigenen Bevölkerung, dass sie diszipliniert ist und ihre Regeln achtet. Eine solche Situation hat negative Auswirkungen auf die psychische Gesundheit der Indigenen: Ihr wohnt eine Aggression inne, die zunimmt und, wenn sie kein Ventil findet, in geistige Störungen transformiert wird. Das ist eine der schwerwiegendsten Auswirkungen von gesellschaftlichen Notlagen in Bezug auf psychische Erkrankungen, die Fanon aus seiner enormen Erfahrung zieht, die er als Psychiater von kolonialisierten Menschen gesammelt hat.[54]

Als Reaktion darauf favorisiert Fanon weder Mythen noch Rituale, denn schließlich spielen diese letztlich dem Kolonialregime in die Hände: Kollektives Tanzen und Exorzismen kanalisieren die Aggression, die in der Gemeinschaft akkumuliert wurde, und ermöglichen deren friedvolle Deeskalation. Interessanterweise vergleicht Fanon solche Rituale mit Vulkanausbrüchen innerhalb eines geschlossenen Kreises:

> Zu festgesetzten Stunden, an festgesetzten Daten finden sich Männer und Frauen an einem gegebenen Ort zusammen und werfen sich unter dem strengen Auge des Stammes in eine scheinbar ungeordnete, in Wirklichkeit aber streng geregelte Pantomime, wo sich [...] handgreiflich die grandiose Anstrengung eines Kollektivs äußert, sich durch Exorzismen zu befreien und auszudrücken. [...] Im Kreis des Tanzes ist alles erlaubt [...]. Alles ist erlaubt, denn man versammelt sich nur, um die angestaute Libido, die verhinderte Aggressivität vulkanisch ausbrechen zu lassen. Symbolische Tötungen, bildliche Ritte, vielfältige eingebildete Morde, all das muß herauskommen. Die bösen Säfte ergießen sich, donnernd wie Lavamassen.[55]

Die vorübergehende Entspannung stützt die Wiederholung der Gewalt durch die Kolonialmacht. Wieder und wieder bringen afrikanische Indigene ihre negativen Gefühle in kollektiven, rituellen Performances zum Ausdruck, bevor sie von Neuem in den alltäglichen Zustand der Unterdrückung und Depression zurückkehren. Laut Fanon ist das nicht der richtige Weg, um mit negativen Affekten umzugehen. Statt sie in Exorzismusritualen zu neutralisieren, müssen sie radikalisiert und im Befreiungskampf in Waffen transformiert werden. Ja, die Menschen sind besessen, aber das, was von ihnen Besitz ergriffen hat, sind nicht Dämonen; es sind ihre eigenen Gefühle – Zorn, Ressentiment, Demütigung –, das, was sie unterdrückt haben. Diese Gefühle müssen freigesetzt werden, nicht ausgeschlossen. Ja, die indigenen Völker in den Kolonien zeigen Aggressionen und einen Hang zu Gewalt, aber diese allgemeine Symptomatik resultiert aus der Unerträglichkeit ihrer Lage. Die effizienteste Therapie wäre nichts anderes als ein verzweifelter Kampf, der ihnen den geeigneten Raum für Aggression böte: »Auf der individuellen Ebene wirkt die Gewalt entgiftend. Sie befreit den Kolonisierten von seinem Minderwertigkeitskomplex, von seinen kontemplativen und verzweifelten Haltungen. Sie macht ihn furchtlos, rehabilitiert ihn in seinen eigenen Augen.«[56] Auf einer anderen Ebene schweißt er die Menschen zusammen und vermittelt ihnen ein Gefühl für ihre Geschichte, für ihr kollektives Schicksal. Die Gewaltbereitschaft der indigenen Bevölkerung ist eine Reaktion auf die Gewalt der Kolonialherren. Sie ist brutal, aber sie ist von positiver Qualität, denn bei ihr handelt es sich um nichts anderes als eine wahre Negation der Negation.

Schlange und Spinne

Fanon beendete und publizierte *Die Verdammten der Erde* kurz vor seinem Tod im Jahr 1961. In diesem Jahr schrieb Georges Bataille einen seiner letzten Essays: »Le Pur bonheur«.[57] Einen langen Passus dieses Essays widmet Bataille der Gewalt, die er ebenfalls in zwei Typen unterteilt. Der erste Typ Gewalt ist profan, limitiert, bestimmten praktischen Zielen untergeordnet. Der zweite ist heilig, unbeschränkt und souverän. Diese Unterscheidung korrespondiert prinzipiell mit der Sozialontologie Batailles, die sich durch eine Spannung zwischen Dualismus und

Dialektik auszeichnet: Es gibt immer zwei Welten oder zwei Pole, die in Opposition zueinanderstehen, aber sie korrelieren miteinander und existieren immer nur gemeinsam. Das Profane und das Heilige, das Homogene und das Heterogene, das Diskrete und das Kontinuierliche, das Limitierte und das Unlimitierte – all diese Dinge, die Bataille theoretisch betrachtete – sind entsprechend ihrer Relevanz einem der beiden Pole zuzuordnen. Es gibt immer zwei Typen von allem: Jedes Ding zirkuliert entweder in der Ordnung des Profanen, innerhalb dessen Limitierungen, von den anderen Dingen getrennt und bestimmte Funktionen erfüllend, oder es ist von dieser Ordnung ausgeschlossen und gehört in den Bereich des Heiligen, wo alle Grenzen ausradiert sind und der Tod selbst nicht als Begrenzung, sondern als luxuriöse Verschwendung des Lebens in Erscheinung tritt. Diese beiden Pole konvergieren nie, aber der eine produziert notwendig den anderen: Tabus und Limitierungen der Ordnung des Profanen konstituieren den Bereich des Heiligen, dem alles zufällt, was sich nicht umformen lässt, was nicht nutzbar ist, von Gott bis zum Menstruationsblut.

In »Le Pur bonheur« stellt Bataille die zügellose Gewalt und die von der menschlichen Vernunft vehement postulierten Schranken einander gegenüber. Was die Vernunft tut, ist eine permanente Operation der Grenzziehung: Das Denken erschafft eine Sphäre von Dingen, die gedacht werden können, das heißt, die auf die Kategorien der Vernunft reduziert werden können. Bei dieser Operation ist notwendig etwas exkludiert, und genau dieses Etwas ist es, was den Bereich der Gewalt oder, wie Bataille es nennt, das Heilige kreiert. Ja, für Bataille sind

Gewalt und das Heilige des Öfteren Synonyme. Das ist der Grund, warum jene, die Bataille nicht sorgfältig genug lesen, ihm oft eine Kultur der Gewalt zuschreiben. Wie Benjamin Noys betonte: »[A]llzu oft machen die, die Bataille ›feiern‹, genau dies. Wenn Bataille jedoch die (gewaltsam etablierten) Tabus der Gewalt bricht, intendiert er nicht, die Gewalt zu steigern, sondern vorzuführen, wie diese strikten Tabus ihre eigene Gewalt generieren.«[58]

Batailles Gewalt ist eine Überreaktion auf die von der Vernunft eingezogenen Strategien der Limitierung. Vernunft und Gewalt bilden ein dialektisches Paar, aber diese Dialektik ist nicht diejenige Hegels, der, so Bataille, »versucht, sich an ein Gleichgewicht von Denken und Gewalt anzunähern«.[59] Wahr ist, dass Hegel in seiner Einleitung zur *Phänomenologie* Gewalt als die Triebkraft der Negativität charakterisiert: »Das Bewußtsein leidet also diese Gewalt, sich die beschränkte Befriedigung zu verderben, von ihm selbst.«[60] Dieser Art ist die Bewegung des Geistes, sie ist gewaltsam und verzweifelt und geht über die Schranken ihrer selbst hinaus. Allerdings hat diese Bewegung ein finales Ziel, das »dem Wissen ebenso notwendig [ist] als die Reihe des Fortganges gesteckt; es ist da, wo es nicht mehr über sich selbst hinauszugehen nötig hat, wo es sich selbst findet, und der Begriff dem Gegenstande, der Gegenstand dem Begriff entspricht«.[61] Die hegelianische Gewalt des Denkens ist ein Werkzeug, um den Zustand absoluten Wissens zu erlangen. Zu diesem Zweck beschränkt es sich selbst – oder profan ausgedrückt: Wissen kann nicht absolut sein, weil es immer »Unwissen« als Beschränkung seiner selbst hat. Wenn die Vernunft versucht, den Gegenstand dem Begriff anzupassen, assimiliert sie nicht wirklich diesen Gegenstand, sondern beschneidet ihn eher. Es gibt jedoch Rückstände, einen materiellen Überschuss, den sie nicht zu eliminieren vermag.

Zwischen Vernunft und Gewalt besteht eine enge Reziprozität, wobei die Vernunft wie eine Art Ordnungshüter funktioniert: Was sie ausschließt, ist das Nichtdenkbare, das Ungesagte oder Tierische. Dies ist der Mechanismus des Tabus: Die Natur als das Verbotene konstituiert das Heilige. Allerdings ist das Ausgeschlossene, wie Kathryn Yusoff erklärt, das, was »als destruktive Kraft wiederkehrt, weil es nicht angemessen berücksichtigt wurde«.[62] Das kann man mit dem Prozess der Verdrängung vergleichen, dem in Freuds Verständnis sodann die Rückkehr des Verdrängten folgt. Das Ausgeschlossene, das durch dasjenige entstanden ist, was die Vernunft aus ihrem Bereich der nützlichen und verständlichen Dinge ausschließt, wird zum Gegenstand einer fundamentalen Hinterfragung, für das die Gewalt »sich selbst als die einzige Antwort anbietet«.[63] Bataille schlägt weiter vor, dass eine solche Antwort »nur von außen kommen kann, von dem, was das Denken ausgeschlossen hat, *um zu existieren*«. Das wiederum identifiziert er mit Gott selbst: »Ist nicht Gott der Ausdruck von Gewalt, der sich als Lösung anbietet?«[64] Hierbei kommt es darauf an, zu verstehen, dass Gott nicht für sich selbst existiert, sondern exakt als diese gewaltsame Antwort.[65]

Göttlich ist diese Art von Gewalt nicht nur in dem Sinne, dass sie heilig ist, sondern auch in dem, dass sie souverän ist. Es gibt nichts oberhalb oder jenseits davon, und im Gegensatz zur Gewalt des ersten Typus (dem Gesetzeshüter der Vernunft) dient diese zu nichts: »Die absolute *Gewalt* kann das Mittel zu keinem Zweck sein. Sie würde kein bestimmtes Ziel verfolgen.«[66] In seinen Anmerkungen zu »Le Pur bonheur« erklärt Bataille: »Die auf ein Mittel reduzierte Gewalt ist ein Zweck im Dienste eines Mittels – ein Gott, der zum Diener wurde.«[67]

Es gibt offensichtliche Parallelen und Überschneidungen zwischen Batailles Gewaltbegriff und den von Sorel, Fanon und Benjamin vorgeschlagenen Begriffen. Der Ausschluss der Animalität, die einen Gewaltüberschuss produziert und sich in der Begrifflichkeit der Psychologie als Verdrängung und die Wiederkehr des Verdrängten ausdrücken lässt, birgt eine strukturelle Ähnlichkeit zu der unterdrückten Aggression, die laut Fanon ein Ventil finden muss. Beide, Fanon und Bataille, interpretieren soziale Prozesse mit Blick auf die freudsche Theorie vom Unbewussten und erkennen eine Korrelation zwischen den Leben von Individuen und den Strukturen von Gemeinschaften. Allerdings ist Fanons Ausrichtung *stricto sensu* politisch, wohingegen Bataille eine spekulative Darstellung der Vernunft und ihrer Beziehung zu ihrem Anderen entwickelt. Vorausgesetzt, dass dieses Andere als Ort der Gewalt Gott ist und ebenso wie dessen Definition keinem bestimmten Zweck oder Souverän dient, so klingt darin sowohl Benjamins Konzept der göttlichen Gewalt als auch Sorels Generalstreik stark wider. Wie Sorel leitet Bataille die reine – das heißt die nicht untergeordnete – Gewalt vom Mythos ab und stellt ihr die Pragmatik der Vernunft gegenüber. Wie Benjamin nennt er sie göttlich. Batailles Gewalt ist auch ein Generalstreik, aber in einem anderen Sinn –

nämlich dem, der in der Theorie der Allgemeinen Ökonomie ausgeführt wird, auf den ich bald noch zu sprechen kommen werde. Seine Gewalt ist Gott, aber nicht der theologische Gott: Es ist der »animalische Gott«, dessen »unvergleichliche Reinheit« und »übergesetzliche Gewalt« zu entdecken, Bataille uns anhält.[68]

In Hinblick auf all die bisher zwischen den Theorien aufgezeigten Parallelen, die der Dialektik der doppelten Negation die Apologie der emanzipatorischen Gewalt einschreiben, verlangt die Originalität von Batailles Projekt nach einer eingehenderen Betrachtung. Hier ist die Unterscheidung, die er in »Le Pur bonheur« einführt:

> In meiner Vorstellung existieren zwei Arten von GEWALT.
> Das Opfer der ersten Art ist in die Irre geleitet.
> Es ist die GEWALT eines Schnellzugs im Augenblick des Todes der verzweifelten Person, die sich absichtlich vor den Zug geworfen hat.
> Die zweite Art ist die der Schlange oder der Spinne, diejenige eines Elements, welches mit der Ordnung, in der die Möglichkeit des Seins gegeben ist, unvereinbar ist, die dich zu Stein werden lässt. Sie raubt einem nicht die Sinne, sondern entgleitet; sie enteignet, sie paralysiert, sie fasziniert, bevor du ihr etwas entgegensetzen kannst.
> Diese Art von GEWALT, die zweite Art, ist an sich imaginär. Und dennoch ist sie das getreuliche Abbild der Gewalt, diese maßlose Gewalt ohne Form, ohne Methode – die ich in jedem Augenblick mit Gott gleichsetzen kann.[69]

In dem Bild von dem Zug, der uns überrollt, kann der Leser die Idee der beschränkten und der beschränkenden Gewalt erkennen. Ein Polizist mit einem Schlagstock kann die Rolle des Zuges spielen, und was Bataille »Vernunft« nennt, kann die Rolle des Polizisten übernehmen. Allerdings führt die zweite Art von Gewalt, Bataille zufolge, etwas Neues ein: die Gewalt des Nichtmenschlichen. Eine nicht anthropomorphe und nicht anthropozentrische Gewalt. Was für eine Gewalt ist das, die von Schlangen oder Spinnen ausgeht? Selbst wenn diese nicht wirklich gefährlich für uns sind, kann uns das plötzliche Auftreten dieser oder anderer Tiere eine Angst einjagen, die wir nicht unter Kontrolle bringen können. Schlangen und Spinnen sind Verkörperungen einer imaginären Gewalt, die aus Batailles Perspektive Gott ebenbürtig ist. Man bedenke, Schlangen und Spinnen sind nicht an sich heilig oder angsteinflößend, sondern nur in unserer Vorstellung, in der sie nicht durch den Schlaf der Vernunft produziert werden, sondern durch die obsessive Wachheit im Verlangen, alles zu kontrollieren. Schlangen und Spinnen sind an sich gleichmütig. Sie haben nicht die Intention, Gewalt zu üben. Selbstverständlich kann eine Schlange Menschen oder andere Tiere angreifen, aber die Angst, die sie uns einjagt, beruht nicht auf unserer Einschätzung der tatsächlichen Gefahr, die von ihr ausgeht. Substituiert man eine Schlange oder eine Spinne durch irgendein anderes Tier, dessen Auftreten einem unmittelbare Angst einjagt, bevor man die Vernunft einsetzt – so hat man seinen persönlichen Gott der Gewalt gefunden. Auch ich habe meinen. Spinnen machen mir nichts aus, aber vor anderen Spezies habe ich solche Angst, dass ich sie noch nicht einmal beim Namen nennen kann.

Der unkontrollierbare Affekt, evoziert durch nicht menschliche Gewalt, ist nicht notwendig Terror oder Angst. Die göttliche Gewalt des Nichtmenschlichen, die uns affiziert, kann in Wirklichkeit alles Mögliche sein. Eine Schlange, eine Spinne, ein neues Bakterium oder ein Virus, ein Hurrikan, das Tauen des Permafrosts in Sibirien, Radioaktivität, Waldbrände oder ein Methanausbruch: Das alles konfrontiert uns mit einem Bild, das von unserem konventionellen Gewaltverständnis als negatives Verhalten eines bestimmten Individuums oder einer bestimmten Gruppe von Menschen abweicht, einschließlich anthropomorpher Götter.

Die nicht menschliche Gewalt geht nicht von einem Subjekt aus: sie wird von niemandem verübt, niemand ist schuld. Der Gott der Gewalt gehört zur Welt der Unmittelbarkeit und der Immanenz, die Bataille in seinem Buch *Theorie der Religion* (1948) Animalität nennt.[70] Benjamin Noys kommentiert dies folgendermaßen: »Die Welt der Tiere ist eine Welt ohne Differenz, da Tiere keine Negativität kennen und folglich keine Differenz.«[71] Batailles Animalität ist ein utopisches Reich, die konzeptuelle Fantasie eines indifferenten Kontinuums, das für Menschen unerreichbar ist. Tiere fressen einander, und jene, die fressen, unterscheiden sich nicht wirklich von denen, die gefressen werden, sie nehmen sie nicht als eigenständige Dinge wahr. Ich kann einem Wolf nicht vorwerfen, ein Kalb vertilgt zu haben. Räuberisches Verhalten und andere der Tierwelt inhärente Formen von Gewalt gleichen der Bewegung von Meereswogen, die einander schlucken: »Unvermeidlich ist in unseren Augen das Tier in der Welt wie das Wasser im Wasser«.[72] Wenn es Differenzen gibt, sind sie quantitativ, nicht qualitativ; deshalb können wir nicht wirklich über Ungleichheiten unter Tieren sprechen oder über Machtverhältnisse: »Der Löwe ist nicht der König der Tiere: er ist nur eine im bewegten Wasser höher schlagende Welle, die die schwächeren unter sich begräbt.«[73]

Obwohl Bataille an anderer Stelle die Tiere als in »ihrem Wesen freie Geschöpfe« definiert,[74] räumt er in *Theorie der Religion* ein, dass ihre Indifferenz und Fremdheit gegenüber juristischen und moralischen Gesetzen nicht absolute Freiheit bedeute. Alle lebendigen Organismen, einschließlich der Mensch, sind von ihrer Umwelt zumindest in dem Maß abhängig, dass sie essen müssen. Natürliche Bedürfnisse beschränken ihre Autonomie. Menschen sind Tiere, die diese Schranken, welche sie mit Animalität assoziieren, überwinden wollen, aber in ihrem Wunsch, unabhängig von der Natur zu sein, stürzen sie sich in eine weitaus größere Sklaverei, indem sie die Welt der Tabus, der Nützlichkeit, der Vernunft, der Sprache und der Arbeit erschaffen, der die anderen Tiere fremd bleiben. Diese neue menschliche Welt ist, wie Bataille sich ausdrückt, profan, wohingegen die exkludierte Animalität heilig, zu Gott wird (man bedenke, dass die ältesten der Götter Tiere waren). Genau hierin spiegelt die Verschiedenheit von menschlicher und nicht menschlicher Gewalt das Paradox der Freiheit wider. Bestrebt, Autonomie von den Naturgesetzen zu erlangen, sondern sich die Menschen von der Animalität ab und umgeben sich selbst mit neuen Gesetzen und Verboten, die die phantasmatische Göttlichkeit des Nichtmenschlichen produzieren.

Ich kann mir den Generalstreik des Proletariats, eine Revolution, einen Volksaufstand oder einen Befreiungskampf von Menschen unter Kolonialherrschaft vorstellen. Ich kann entsprechend meinem Sinn für Gerechtigkeit und ethischen wie politischen Verhaltensmaßstäben Seite an Seite mit denjenigen zusammenstehen, die in diese Kämpfe involviert sind. Aber ich kann mich nicht auf ähnliche Weise auf die Seite einer Schlange oder einer Spinne schlagen. Wie kann ich mich mit der Position der nicht menschlichen Gewalt identifizieren, wenn sie die Position des Fremden einnimmt, auf dessen Exklusion jede Identität basiert? Das scheint ein unlösbares Problem zu sein und überdies eine enorme Herausforderung. Genau das ist es aber, so denke ich, worauf Batailles Vorhaben abzielt: das Auffinden eines nicht menschlichen Elementes im Menschlichen, das mich mit der Schlange, dem Vulkan oder der Sonne verbindet. Das ist es, was ich meine, wenn ich sage, dass es etwas zutiefst Sokratisches in Bataille gibt; aber man kann auch sagen, dass etwas zutiefst Bataillehaftes in Sokrates zu finden ist, er demonstrierte die Ähnlichkeit der Sonne zum menschlichen Auge.

II. Allgemeine Ökonomie

Die beiden Arten von Gewalt, die Bataille in »Le Pur bonheur« darstellt, korrespondieren mit den beiden Arten von Ökonomie, die Bataille im ersten Band seines fundamentalen Werks *Der verfemte Teil* (1949) analysiert. Der Band beginnt mit dem Eingeständnis, dass es dem Autor über Jahre peinlich war, sagen zu müssen, er arbeite »[a]n einem Werk über politische Ökonomie«.[75] Und in der Tat war es ein sehr ambitioniertes Projekt, vor allem weil die Sorte politischer Ökonomie, die Bataille vorlegt, nichts mit traditionellen Arbeiten auf diesem Gebiet zu tun zu haben scheint. Er beginnt mit einer Kritik der politischen Ökonomie, wie wir sie kennen. Das ist ein sehr marxscher Gestus: Man erinnere sich daran, dass Marx die bourgeoisen Ökonomen dafür kritisiert, den Arbeiter nicht als Mensch, sondern als Arbeitspferd, und Arbeit nicht als dem Menschen wesentlich, sondern als Ware, die verkauft und gekauft werden kann, zu betrachten, und er sodann vom Klassenstandpunkt aus das kapitalistische, auf der Ausbeutung menschlicher und natürlicher Ressourcen basierende Produktionssystem analysiert. Batailles kritische Analyse unterscheidet sich davon: Aus seinem Blickwinkel ist das Hauptproblem der Ökonomen, dass sie eher die Produktion als den Konsum erörtern und sich nur auf menschliche Angelegenheiten konzentrieren, ohne das »allgemeine[n] Problem der Natur«[76] zu berücksichtigen. Die überwiegende Mehrheit der Wirtschaftswissenschaften betrachtet ihre Gegenstände als isolierte Phänomene – beispielsweise die Autoindustrie oder der Landwirtschaftssektor –, aber die Frage, die sich prinzipiell stellt, bleibt: »Muss die produktive Aktivität als Ganzes nicht auf die Modifikationen hin untersucht werden, die sie von ihrer Umwelt empfängt und ihrer Umwelt einträgt? Anders gefragt: Muss das System der menschlichen Produktion und des menschlichen Verbrauchs nicht im Rahmen einer viel größeren Gesamtheit erforscht werden?«[77]

Unter »einer viel größeren Gesamtheit« versteht Bataille die »*allgemeinen* Probleme«, »die sich aus der Bewegung der Energie auf dem Erdball ergeben«.[78] Was ihn dazu inspiriert hatte, war die Idee, eine synkretistische Wissenschaft zu begründen, welche die physikalischen, geologischen, sexuellen, philosophischen und politischen Prozesse in ihren wechselseitigen Überschneidungen berücksichtigen würde. Er war nicht diszipliniert genug, um diese Wissenschaft in ein geeignetes System zu überführen, gab ihr aber einen treffenden Namen: Allgemeine Ökonomie. Diese ist ein außergewöhnlich wichtiger Vorläufer für den neuen Bereich der *energy humanities*, die sich mit globaler Erwärmung und anderen gegenwärtig aktuellen ökologischen Themen jenseits der positivistischen Naturwissenschaften befassen.[79] Für die allgemeine Ökonomie ist Energie nicht bloß das, worum es geht, sondern das, worum es hauptsächlich geht. Die Energieströme bestimmen das ökonomische Leben. Heute, da unsere Existenz mehr vom Ölpreis abhängt als von Gottes Vorsehung oder etwas in der Art, sind wir uns dessen in aller Deutlichkeit bewusst. Allerdings sind wir daran gewöhnt, zu denken, Energie sei eine auf die gesamte Produktionstätigkeit limitierte Ressource. Bataille zufolge ist dies nicht der Fall. Er sah das Problem nicht in einem Mangel, sondern in einem Überschuss von Energie, deren ultimative Quelle die Sonne ist.

Als lebende Organismen empfangen wir mehr Energie, als wir tatsächlich brauchen und aufnehmen können. In diesem Sinne sind wir nicht arm, sondern reich, so wie alles und alle auf der Erde. Und wegen dieses Energieüberschusses können alle Tiere und Pflanzen wachsen und sich reproduzieren, aber sogar Wachstum und Reproduktion können nicht vollends ausschöpfen, was wir kostenlos empfangen. Was das gesamte Wachstum limitiert, ist »die Ausdehnung des irdischen Raums«,[80] in dem sich Tiere und Pflanzen entwickeln, Land einnehmen, zusammenkommen und einander verdrängen. Die Lebensformen rotieren unaufhörlich. Das Leben selbst ist ein extravaganter Luxus, der Tod sein Kulminationspunkt.

Die allgemeine Ökonomie ist nicht nur die Bezeichnung für die von Bataille erfundene Wissenschaft, sondern auch für das komplexe Phänomen, das sie beschreibt. Sie ist der beschränkten Ökonomie beziehungsweise der Ökonomie im konventionellen Sinne entgegengesetzt, die unterschiedliche menschliche Aktivitäten innerhalb eines geschlossenen Kreises von Ursache und Wirkung umfasst. Die allgemeine Ökonomie bewegt sich nicht in der menschlichen Dimension, sondern in der planetarischen oder kosmischen. Ihr Grundprinzip sind Aufwendungen, im Gegensatz zu den Zwecken Akkumulation und Wachstum, die für die beschränkten menschlichen Ökonomien, wie etwa die kapitalistische Wirtschaft, charakteristisch sind.

Global betrachtet gibt es, wie Bataille sagt, kein Wachstum, sondern »nur eine luxuriöse Energieverschwendung in vielfältiger Form«.[81] Die beschränkten Ökonomien sind bestrebt, sich ihre Energieströme anzueignen und sie konkreten endlichen Zwecken unterzuordnen; das reicht von bloßem physischem Überleben bis zur Erschaffung neuer Märkte, aber schlussendlich gilt: »Jenseits unserer unmittelbaren Zwecke nämlich verfolgt ihr Werk die unnütze und unendliche Vollendung des Universums.«[82] Es gibt immer eine Grenze für das Wachstum und einen Energieüberschuss, der so oder so verausgabt werden muss. Dieser Überschuss ist der »verfemte Teil«. Je mehr wir produzieren, desto mehr müssen wir verausgaben. Wenn jedes Surplus in weiteres Wachstum des Systems investiert wird, und nicht anders ist es im Falle von Kapital, ist ein katastrophischer Ausgang lediglich eine Frage der Zeit. Kriege sind ein Beispiel dafür: Insbesondere die Aussicht auf einen Nuklearkrieg war für Bataille und seine Zeitgenossen einer der Punkte, die sie am meisten umtrieben.

Sei wie die Sonne!

Die Sonne liefert einen Überschuss an Energie: »Die Sonnenenergie ist der Ursprung seiner [des Lebens, Anm. d. Ü.] üppigen Entwicklung. Quelle und Wesen unseres Reichtums sind in der Sonnenstrahlung gegeben, die die Energie – den Reichtum – ohne Gegenleistung spendet. Die Sonne gibt, ohne je etwas dafür zu bekommen«.[83] *Sei wie die Sonne!* lautet im Grunde Batailles Motto für die mögliche Zukunft einer politischen Ökonomie, die an die planetarische Dimension angepasst ist und sich mit dem ökologischen Ganzen in einem Gleichgewicht befindet. Wenn wir wollen, dass unsere Ökonomien unseren Lebensumständen entsprechen, müssen wir solar werden. Batailles allgemeine Ökonomie ist auf paradoxe Weise rational: Was sie vorschlägt, ist, dass wir die Grenzen des Wachstums anerkennen und in Strategien einer nicht produktiv ausgerichteten Verausgabung als selbstbewusster Aktivität denken. Wir sollten aufhören, geizig zu sein und nach individuellem Wachstum zu streben, was zur Folge hat, dass die planetarische Energie ihr Gleichgewicht auf unkontrollierbare und katastrophische Weise wiederherstellt. Die nicht produktive Verausgabung muss ernst genommen und in Form einer Ökonomie des Gebens ohne Gegenleistung organisiert werden: einer rühmlichen Ökonomie.

In *Der verfemte Teil* positioniert sich Bataille gegen historische Praktiken und Traditionen, die anders an das Problem des Überschusses herangehen und anders damit umgehen: aztekische Opfergaben, Potlatch-Rituale, den Islam, Lamaismus, Kapitalismus und die bourgeoise

Gesellschaft, das sowjetische System sowie die US-amerikanische Initiative des Marshallplans. Gibt es Beispiele für eine allgemeine Ökonomie in dem Sinne, den er dieser beimisst, wenn er sie mit den Gesetzen des Universums verbindet? Nicht wirklich. Irgendetwas stimmt da immer nicht mit der Art und Weise, wie wir die Gaben interpretieren. Man würde erwarten, dass das letzte von Bataille in seinem Buch analysierte Fallbeispiel – der Marshallplan – eine mögliche Lösung skizzieren würde, da dieser mit der Verteilung des amerikanischen Wohlstandüberschusses auf die europäischen, vom Zweiten Weltkrieg verwüsteten Länder verbunden ist. Allerdings betont Bataille, sogar dies sei ein politisches Projekt des Westens, entwickelt in Opposition zur Sowjetunion und würde von seinen Befürwortern als Investition in die Zukunft des Kapitalismus betrachtet.

Die allgemeine Ökonomie als selbstbewusstes Handeln ist etwas anderes, insofern Bataille Selbstbewusstsein im Wesentlichen mit Souveränität gleichsetzt. Es kann sich dabei nicht um eine Investition handeln, sondern nur um reine Verausgabung. Selbstbewusstsein hat seiner Interpretation zufolge »nichts mehr zum Gegenstand«[84], das heißt, es zielt nicht darauf ab, seine Ressourcen zu mehren, es strebt nicht nach Wachstum und Prosperität. Selbstbewusstsein geht über die Grenzen des Individuellen hinaus. Es nimmt nicht die Perspektive eines lebenden Organismus ein, der immer auf der Suche danach ist, wo er mehr Stoff findet, sondern die Perspektive des planetarischen Ganzen. Den Übergang vom Individualbewusstsein, bestimmt von seinen

Bedürfnissen und Interessen, zu einem großzügigen Selbstbewusstsein identifiziert Bataille schließlich als »Übergang vom Tier zum Menschen« beziehungsweise als »dessen letzte[n] Akt«.[85]

Diese Behauptung, die er sofort von der Teleologie loszulösen versucht (von der Idee eines letzten Zwecks der historischen Menschheit, einer Errungenschaft, die laut Alexandre Kojève mit dem Ende der Geschichte zusammenfiele), klingt heute auf obszöne Weise anthropozentrisch, aber werfen wir einen genaueren Blick darauf. In Batailles Verallgemeinerung aller lebenden Organismen, die sich abhängig von ihren natürlichen Bedürfnissen oder ihren privaten Interessen wie Tiere verhalten, hallt Hegels Beschreibung einer ökonomischen Entfremdung und der Unterteilung von Arbeit wider, die er in dem Kapitel »Das geistige Tierreich und der Betrug, oder die Sache selbst«[86] in seiner *Phänomenologie des Geistes* liefert. Darin erklärt Hegel, dass die Individuen tatsächlich denken, sie verfolgten ihre eigenen privaten Interessen (wenn sie zum Beispiel Waren verkaufen, die sie produzieren und einander zu betrügen versuchen), aber das sei nur eine Illusion. In Wirklichkeit leisteten diese Menschen, ohne sich dessen bewusst zu sein, einen Beitrag zur Entwicklung der gesamten Wirtschaftsstruktur. Bataille geht es hier allerdings um etwas anderes: Ja, Individuen verfolgen ihre Interessen, genau wie andere Tiere, die nach Nahrung suchen, wenn sie hungrig sind, und ganze nationale ökonomische Systeme ihrerseits können mit solchen egoistischen Individuen verglichen werden, aber selbst, wenn sie denken, dass sie für eine universale Prosperität kämpfen, leisten sie eigentlich einen Beitrag an der Zerstörung des gesamten Planeten.

Die aktuellen ökologischen Probleme stützen diese These: Die technogenen Katastrophen, die Luft- und Wasserverschmutzung oder das schwer zu lösende Problem der Müllentsorgung sind nichts anderes als die Folgen schwindelerregender ökonomischer Wachstumsraten. In diesem Sinne wird der Übergang vom Individuum zum Menschen ein Perspektivwechsel sein, indem er die Seite des Allgemeinen, Solaren oder Kosmischen, also paradoxaler Weise des Nichtmenschlichen einnimmt. Es stellt sich aber die Frage: Woher sollen wir die Ressourcen für eine solche Großzügigkeit nehmen? Batailles Antwort wäre, dass wir immer schon inhärent solar sind. Als planetarische Wesen haben wir unser »rühmliches« Moment – angefangen bei so etwas, was so lieb und unschuldig ist wie das Teilen, Sorgen und Schenken, in Form der Künste, des Spieles und der erotischen Selbsthingabe bis hin zu den gewalttätigsten, zerstörerischen Akten der Opferung oder Auslöschung. Wir rationalisieren diese Akte der Verschwendung (zum Beispiel bereiten wir Opfergaben, um die Götter günstig zu stimmen, oder vernichten bestimmte Tierarten aus epidemiologischen Gründen, um der Gesundheit der Menschheit willen), und dadurch versuchen wir, sie der Logik der beschränkten Ökonomien einzuschreiben, aber faktisch folgen wir unbewusst den allgemeinen kosmischen Gesetzen einer exzessiven Verschwendung von Energie und Wohlstand.

Wombats und Moral

Nichtsdestotrotz denke ich, dass Batailles Schilderung der Tiere in *Der verfemte Teil* als beschränkte Individuen nicht so ganz durchdacht ist: Es gibt Gründe dafür zu glauben, dass die inhärente Solarität, die er mit dem Selbstbewusstsein verbindet, tatsächlich tierisch sei, insofern wir Tiere nicht so sehr als Individuen, sondern in erster Linie als kollektive Wesen behandeln. Aus meiner Perspektive ist Animalität eine Existenzform, die über das Individuum hinausgeht; eine Form von primordialem Koexistieren, die uns alternative Modelle von Gemeinschaft liefern kann. Nur sind wir immer noch nicht imstande zu ermessen, in welchem Maß Tiere tanzen, singen und spielen; wir sind nicht imstande, ihrer Anpassungsfähigkeit, ihrem Enthusiasmus und ihrer Weisheit den gebührenden Respekt zu erweisen.

Man denke an die Wombats, die während der verheerenden Buschfeuer, die 2019 und 2020 in Australien wüteten, vielen anderen kleineren Tieren das Leben retteten, da sie ihnen Schutz in ihren großen Wohnhöhlen und komplexen Tunnelsystemen gewährten. Was über der Erde geschah, war die Hölle: Mehr als eine Milliarde Lebewesen fielen der Feuersbrunst zum Opfer, es überlebten einzig diejenigen, die es geschafft hatten, sich unterirdisch zu verstecken. Als sich die Nachrichten von der unglaublichen Güte verbreiteten, mit der die Wombats andere Tiere gerettet hatten, schickten sich Wissenschaftler eilends an, Erklärungen dafür zu liefern, dass die Wombats dies nicht mit Absicht getan hätten, sondern rein zufällig: Diese großen Säugetiere graben gewöhnlich mehrere geräumige Höhlen, und da sie nur in einer davon schlafen, können andere unter Umständen zum Versteck für die Tierwelt in der näheren Umgebung werden.[87] Aber warum war es den Naturwissenschaftlern so wichtig, zum Ausdruck zu bringen, dass die australischen Wombats nicht wirklich altruistisch solidarisch handelten und für ihre Nachbararten Sorge trugen, sondern nur aus purem Instinkt? Weil Solidarität und Altruismus in einen moralischen Bereich gehören, der laut unserer Wissenschaftspolitik den Tieren fremd bleibt.

Aber was wäre, wenn sie ihre Höhlen für andere Bewohner des brennenden Busches geöffnet und die Wombats so etwas zum Ausdruck gebracht hätten, was nicht innerhalb des Verständnisrahmens der darwinschen Biologie verstanden werden kann, die Tiere als primitive, egoistische Individuen betrachtet, die ums eigene Überleben kämpfen? Was wäre, wenn Altruismus und Solidarität genau die Verhaltensweisen sind, die wir mit dem wohlfeilen Label Instinkt versehen? Was wäre, wenn Tiere Moralvorstellungen und anderen Formen der Organisation gemeinschaftlichen Lebens nicht wirklich bedürften, weil sie zu ihren Territorien eine andere Beziehung haben als das Privateigentum, von dem die Menschen derart besessen sind? Wie der berühmte russische Anarchist Pjotr Kropotkin in seinem Buch *Gegenseitige Hilfe in der Tier- und Menschenwelt* demonstrierte, ist der Kampf ums Überleben nicht der einzige und noch nicht einmal der Hauptmotor der Evolution von Leben auf der Erde: Verschiedenste Spezies überleben, weil sie kooperieren, kommunizieren und einander helfen.[88] Das heutige ökologische Denken entdeckt diese neue Art des Umgangs mit der Natur. So basiert Timothy Mortons Aufruf zur Solidarität mit »nicht menschlichen Personen« auf der Annahme, Solidarität sei nicht etwas spezifisch Menschliches, sondern die »standardmäßige affektive Umgebung auf den oberen Schichten der Erdkruste«.[89] Innerhalb von Imre Szemans Einteilung ist Solarität »eine Form von Solidarität, die sich immer schon um das Nichtmenschliche und die Erde kümmert, um die Aufhebbarkeit von Grenzen und die Tiefe der Verantwortung, die entsteht, wenn wir uns auf das Unendliche einlassen«.[90]

Auf Batailles Perspektive zurückkommend, schlage ich vor, dass die Selbstlosigkeit der Wombats gleichsam als unterentwickelter Teil der menschlichen Animalität betrachtet werden kann, als der rein solare oder kosmische von unseren beschränkten Ökonomien unterdrückte Teil, der uns als darwinsche Individuen konstituiert, die gierig nach Ressourcen sind, ums Überleben kämpfen und nach Wachstum trachten. Diese Gier ist indes mitnichten ein realer animalischer Hunger, wie er auf die Tiere projiziert wird, den man genauso gut in den Gegenbegriffen – in der Sprache der allgemeinen oder solaren Ökonomie –, beschreiben könnte. Wombats brauchen ihre Moral nicht zu ändern, um, was sie zum Leben brauchen, mit Mäusen und Eidechsen zu teilen. Wendet man Batailles Theorie auf die Animalität als Immanenz an, handelt es sich beim Akt des Teilens aus Sicht der Wombats meiner Meinung nach nicht um etwas, was »gut« ist, sondern um etwas, dem sie indifferent gegenüberstehen, vergleichbar mit dem Wolf, der ein Kalb frisst. Allerdings bin ich mir nicht ganz sicher, ob »indifferent« das richtige Wort ist. Ich würde sagen, ein Tier kann bei einem gewaltsamen Akt, beim Töten, genauso enthusiastisch sein wie bei der Selbstlosigkeit des Sorgetragens. Was menschliche Tiere tun, ist, ethische Urteile darüber zu fällen, welche Akte gut und welche böse sind. Um uns wie Wombats zu verhalten, bedürfen wir einer komplexen Organisation des Selbstbewusstseins, die einen radikalen Moralwandel impliziert: »Der Übergang von den Perspektiven der *beschränkten* zu denen der *allgemeinen* Ökonomie ist in der Tat eine kopernikanische Wende: das Auf-den-Kopf-Stellen des Denkens und der Moral.«[91]

Erhebt man diese Ökonomie zu einer selbstbewussten menschlichen Strategie, welche sich die indifferente Selbstlosigkeit der Sonne zum Vorbild nimmt, um sie in eine neue Moral unter Berücksichtigung des ökologischen Ganzen zu transformieren, wird aus ihr eine Ökonomie des Schenkens im Gegensatz zu der auf Gegenleistung basierenden Ökonomie. Diese privilegiert den Konsum gegenüber der Produktion und die Verausgabung gegenüber der Akkumulation. Allan Stoekl, der Batailles Theorie mit Blick auf das 21. Jahrhundert untersucht, kommt auf die allgemeine Ökonomie als Wandel der Moralvorstellungen folgendermaßen zu sprechen:

> Es geht nicht um den Nuklearkrieg, sondern um die Kanalisierung des Überschusses auf eine Art, die das Überleben sichert, damit auf weitere Überschüsse verzichtet werden kann. Und (diese Reihe ließe sich

> fortsetzen) nicht um einen verallgemeinerten Ökozid, sondern um die Bejahung einer anderen Energieform, einer anderen Religion, einer anderen Verschwendung, die nicht so sehr einen stabilen Zustand der Nachhaltigkeit impliziert (mit was für einem stabilen Referenten? dem Menschen?), sondern stattdessen einen postnachhaltigen Zustand, in dem wir arbeiten, um zu verausgaben, nicht um zu konservieren.[92]

In diesem Zusammenhang ist entscheidend, dass Stoekl zwischen destruktiver Verschwendung und nicht produktiver Verausgabung eine Unterscheidung trifft. Die zeitgenössischen beschränkten Ökonomien, darauf gegründet, fossile Brennstoffe zu verbrennen, sind in der Tat Ökonomien der Verschwendung, die mit der allgemeinen Ökonomie zu konfrontieren wären: Es ist höchste Zeit zu lernen, wie man bewusst verausgabt, statt blind zu verschwenden.

Wie könnte so eine nicht beschränkte Gesellschaft aussehen? Bataille kontrastiert ein Beispiel extremer Armut in Indien mit dem Wohlstandsüberschuss in den USA:

»Die allgemeine Ökonomie legt heute eine Überführung amerikanischen Reichtums nach Indien ohne Gegenleistung nahe.«[93] Das klingt zwar wie eine einfache, aber zugleich unmögliche Lösung. Warum? Weil wir daran gewöhnt sind, Probleme dieser Art in den Begriffen der beschränkten menschlichen Ökonomien zu denken. Wir nehmen an, das soziale Leben bestehe aus Interaktionen zwischen separaten Objekten, Individuen oder Gruppen, Nationalstaaten und anderen Einheiten, die spezifische Bedürfnisse, Interessen oder Funktionen teilen; und das, obwohl die allgemeine Ökonomie allein das planetarische Ganze und dessen Gleichgewicht umfasst. Die kapitalistische Ökonomie, welche Natur nur als Ressource behandeln kann, ist mit einer Politik der Selbstlosigkeit unvereinbar. Deshalb genügt es nicht, nur die Moralvorstellungen umzudrehen. Szeman zufolge erfordert Batailles kopernikanische Wende des Denkens und der Moral im Übergang von einer beschränkten zur allgemeinen Ökonomie eher »eine Politik der Revolution [...] als der Reform«[94]. Bataille selbst liefert nicht wirklich ein explizites Programm oder eine Strategie, um den politischen Wandel zu bewerkstelligen. Seine Vorgehensweise ist die eines exzentrischen Forschers, der kein Projekt hat, sondern seine radikale Hypothese über den Aufbau des Universums vorträgt. Ich finde diese Hypothese ehrbar genug, um sie hier in unserem Kontext einzubringen.

Pandemische Verschwendung

Bereits kurz nach ihrem Beginn im Winter 2019/20 entwickelte sich COVID-19 rasant zu einer regelrecht globalen Pandemie, die weltweit bis zu diesem Zeitpunkt bereits fast sieben Millionen Tote forderte und in eine schwere ökonomische, politische, aber vor allem existenzielle Krise mündete. Während des gesamten Jahres 2020 entwickelten verschiedene Nationalstaaten unterschiedliche Antworten, die augenfälligsten waren Quarantäne und Lockdowns. Die tödliche Infektion führte vor Augen, dass die Menschheit vulnerabel ist und dass weder das globale kapitalistische System noch Nationalstaaten die Sicherheit der Menschen garantieren können, trotz aller Beschränkungen, die auf lokaler Ebene eingeführt wurden und so weit gingen, dass grundlegende Menschen- und Freiheitsrechte verletzt wurden, beispielsweise die Freizügigkeit. Ein Nationalstaat nach dem anderen schickte sich an, die Grenzen dicht zu machen. Was sich dadurch allerdings nicht stoppen ließ, war das sich frei bewegende Virus; auf der praktischen und materiellen Ebene demonstrierte es, wie alles auf multiplen Ebenen miteinander verquickt ist: Menschen und andere Tiere, das Wetter, die Oberflächen der Gegenstände, Interfaces und Infrastrukturen, Währungskurse, Wissenschaft, Emotionen, Luftverschmutzung, kulturelle Entwicklungen und Industrieanlagen.

Die Regierungen beherrschten nur die Sprache der beschränkten Ökonomien und versuchten, in dieser mit dem Virus zu kommunizieren: Nein, du kommst nicht rein, mein Land ist dicht! Manche Regierungen waren allerdings gezwungen einzusehen, dass es notwendig sei zu teilen, und begannen, geringfügig Elemente einer allgemeinen Ökonomie einzupassen, um etwa denjenigen, die ihre Jobs verloren, Kompensationen zukommen lassen zu können. Die Pandemie hat gezeigt, dass man nicht einmal eine beschränkte Ökonomie vor dem Überschuss der Destruktion des Nichtmenschlichen bewahren kann, ohne solche Elemente einzuführen. Aber sie zeigte auch, dass die Frage nicht lautet, wie kann man die beschränkte Ökonomie – also den real existierenden Kapitalismus vor seinem Untergang – bewahren, sondern wie kann man ihn durch etwas Allgemeineres und Selbstloseres oder, wie Bataille sagen würde, durch etwas Rühmliches ersetzen.

Wenn wir in einem allgemeinen Maßstab über die menschlichen Antworten auf diese planetarische Herausforderung nachdächten, müssten wir wahrscheinlich auf zeitgenössische kommunistische Denker wie Slavoj Žižek hören, der die Möglichkeiten einer »globalen Koordination und Zusammenarbeit«[95] diskutiert, oder auf Panagiotis Sotiris, der vorschlägt, staatliche Macht einzusetzen, um »Ressourcen aus dem privaten Sektor in gesellschaftlich notwendige Richtungen zu lenken«[96]. Gibt es noch Gründe zu glauben, die Spezies Mensch sei imstande, das ganze System der Weltwirtschaft nach Prinzipien umzugestalten, die auf Solidarität, Freiwilligkeit und Teilen gründen und das große Ganze berücksichtigen? Die Antwort ist »ja«, insofern die Reaktionen auf die Pandemie als Ganzes nicht auf Beschränkungsmaßnahmen reduziert werden können. Tatsächlich beschleunigte die Krise die Verbreitung von neuen gesellschaftlichen und individuellen Initiativen, die einige der perspektivischen Elemente der allgemeinen Ökonomie entwickelten, angefangen von eher traditionelleren Solidaritätsbekundungen (finanzielle Hilfe für die am schlimmsten betroffenen Länder oder Gruppen, Versendung von medizinischen Hilfsgütern, Arbeit von Freiwilligen und so weiter) bis zu frei zugänglichen elektronischen Museen, Bibliotheken und anderen Angeboten im Bereich Kultur und Bildung. Solche Elemente des Selbstbewusstseins werden oft von Menschen auf der lokalen Ebene initiiert und realisieren das, was man im Gegensatz zu den Staaten mit ihrer Sicherheitspolitik Zivilgesellschaft nennt.

Die beschränkten lokalen Ökonomien schickten sich an, bestimmte Teilbereiche zu isolieren. Die Staaten schlossen zuerst ihre Außengrenzen, dann die der Provinzen und Städte; danach schlossen sich Familien selbst in ihren Wohnungen ein, und die Individuen fingen an, ein Verhalten sozialer Distanzierung auszubilden und ihre Körper mit Mund-Nasen-Schutz, Brillen, Handschuhen und Desinfektionsmitteln zu schützen. Und diese Maßnahmen schienen tatsächlich vernünftig und angebracht zu sein, wurden sie doch ergriffen, um das Ausbruchsgeschehen einzudämmen, das Gesundheitssystem vor Überlastung zu bewahren, und um Zeit zu gewinnen, bis ein wirksamer Impfstoff entwickelt wäre. Allerdings führte der Umstand, dass eine Situation globaler Ungleichheit herrscht und alle Länder auf ihre eigenen Ressourcen zurückgeworfen waren, zu darwinistischen Strategien des Survival of the Fittest, die beispielsweise in manchen Gegenden – dem Fehlen einer medizinischen Infrastruktur wie ausreichend Betten und Beatmungsgeräten für Intensivstation geschuldet – Ärzte zwang, eine Wahl zu treffen, für wessen Leben es sich zu kämpfen lohnt (etwa in Fällen, in denen ältere Menschen ohne medizinische Versorgung blieben). Überdies brachte die Entwicklung auf dem Impfstoffmarkt ob der kapitalistischen Konkurrenz eine neue Stufe politischer Ausgrenzung mit sich (zum Beispiel konnte man mit einem russischen Impfstoff geimpft nicht in Europa einreisen).

Wenn wir Batailles Theorie einer allgemeinen Ökonomie auf die Pandemie, den Klimawandel, die ökologische Krise und andere aktuelle globale Herausforderungen anwenden, erweisen sich diese als Symptome für die Verschwendung von Natur, verstärkt durch anthropogene Faktoren (Industrie, Landwirtschaft, Tourismus, Gewinnung von Brennstoffen und so weiter), die am Ende des Tages für die Menschen verhängnisvoll sein wird. Menschen, die sich mit COVID-19 angesteckt haben und keine medizinische Versorgung bekommen können, weil Krankenhäuser überfüllt sind; Wale und Meeresvögel, die sterben, weil sie Plastikpartikel gefressen haben; Waldbrände in Australien, den USA, Griechenland, dem Fernen Osten Russlands und Sibiriens; Rentierzüchter und ihre Herden, einem Milzbrand-Ausbruch ausgeliefert, der ausgelöst wurde durch das Schmelzen des Permafrosts auf der Jamal-Halbinsel; das Aussterben von Wildbienen und anderen Spezies, verursacht durch globale Prozesse, welche die Menschheit aufgrund ihrer ökonomischen Aktivitäten in Gang gesetzt hat und jetzt nicht mehr unter Kontrolle zu bringen weiß – all diese Phänomene sind scheinbar Opfergaben für die planetarischen Ausschweifungen, welche die Sonne bestrahlt. Die Menschen mit ihren beschränkten Ökonomien sind daran aktiv beteiligt. Wir glauben, ums Überleben zu kämpfen oder für Wohlstand zu arbeiten, aber summa summarum leisten unsere Wirtschaftsunternehmen lediglich ihren Beitrag an einer planetarischen Orgie, die vergleichbar ist mit einer Seuche.

3. Die beschränkte Gewalt des Kapitals

Der destruktive Aspekt der solaren Ökonomie, den Bataille hervorhebt, hängt mit der Gewalt des Nichtmenschlichen zusammen. Meine These ist, dass die beiden Arten von Ökonomie und die beiden Arten von Gewalt folgendermaßen verbunden sind: Die menschliche Gewalt – diejenige mit dem Zug und uns, die wir auf dem Gleis liegen – fällt in den Bereich der beschränkten Ökonomie, die alle Formen des praktischen menschlichen Handels im Kreislauf von Mitteln und Zwecken umfasst, wohingegen die nicht menschliche Gewalt, beziehungsweise die Gewalt des zweiten Typs, auf den Energieüberschuss auf planetarischem Niveau referiert und insofern auch »solar« genannt werden kann. Angesichts der aktuellen theoretischen Debatten über die Kollision von Mensch und Natur möchte ich es so ausdrücken: Was Bataille mit beschränkter Ökonomie meinte, war nicht nur der Kapitalismus oder der sowjetische Kommunismus, den er wegen seines Kultes um die Produktion kritisierte, sondern etwas Fundamentaleres, was sich aus dem Antagonismus zwischen Natur und

Mensch ableitet, sobald Letzterer vorgibt, von Ersterer getrennt zu existieren und sie zu manipulieren.

Lassen Sie mich diese These weiter ausführen und vorschlagen, was wir heute das »Anthropozän« nennen, könne gleichfalls in den Begriffen einer beschränkten Ökonomie beschrieben werden. Die profane Gewalt des Anthropozäns hallt in der beschränkten Gewalt der Vernunft wider, welche dasjenige ausschließt, was sie nicht zu ihrem Objekt machen kann (das Nichtmenschliche), und dadurch einen Überschuss produziert, der als Verdrängtes wiederkehrt, als Unterdrücktes rebelliert oder sich in Batailles Begrifflichkeit als Gott der Gewalt erhebt. Dasselbe kann man noch treffender über das Kapitalozän sagen, das Jason W. Moore als »eine historische Ära, die durch die endlose Akkumulation von Kapital modelliert wird«,[97] definiert. Indem der Kapitalismus ökonomische Gründe und Rechtfertigungen für die beispiellose Gewalt wider Lebewesen aller Art findet, wird er zur treibenden Kraft des Massenaussterbens.

Der Begriff »Kapitalozän« bringt mehr Klarheit, spiegelt er doch den unmittelbaren Zusammenhang zwischen der modernen beschränkten Ökonomie und der Gewalt des ersten Typs perfekt wider, mit allen daran beteiligten Elementen, die schon in Hinblick auf die menschliche, sich gegen die Natur richtende Gewalt präsentiert wurden. In gewisser Hinsicht ist dies vergleichbar mit der Macht oder der Gewalt des Staats, wie Sorel sie definiert, wenn wir die Natur als das Ausgebeutete betrachten. Sie ist mythisch, wenn wir auf Benjamins Entwurf referieren, da sie die beschränkte Macht der Gesetze des ökonomischen Wachstums und der ökonomischen Akkumulation etabliert und konserviert. Und sie ist auch kolonial, insofern das, was kolonisiert ist, nicht nur die Menschen sind, sondern die besiedelten Gebiete, die von den Kolonisatoren als kostenlos zur Verfügung stehende Ressourcen betrachtet werden und für die Produktion und somit für Profit zugänglich sind.

Ein anderer Begriff für diese Art von Gewalt ist »banal«. Der Begriff geht zurück auf Hannah Arendts Konzeption der »Banalität des Bösen« als Gewalt, die von denjenigen verübt wird, die sich weigern nachzudenken, und blind die Gesetze befolgen. Indem sie dieses Konzept auf unsere Politik gegenüber anderen Spezies ausweitet, spricht Kathryn Yusoff von banaler Gewalt, die »in Praktiken lokalisiert [ist], angefangen bei der gezielten Gewalt der Lebensraumzerstörung über die banale Gewalt, Räume zu schaffen, die ausschließlich auf menschliche Bedürfnisse ausgerichtet sind (oder auf die Bedürfnisse des Kapitals), [...] über Palmöl im Shampoo bis hin zu den Auswirkungen von Breitbandherbiziden auf Amphibien«[98]. Eine andere von Yusoff vorgeschlagene Definition für menschliche Gewalt nimmt Bezug auf Judith Butlers Unterscheidung zwischen Leben, die zählen – Leben, um die getrauert werden kann –, und Leben, die nicht zählen. Diese Definition wiederum auf menschliche und nicht menschliche Welten anwendend, beschreibt Yusoff sie als »normativ«: Wir löschen ganze Spezies aus, ohne das als Gewalt zu begreifen, weil uns deren Tode und Leben nicht berühren.[99]

Was wäre, wenn Pandemien, Klimawandel und andere Phänomene, die wir als Bedrohung für die Existenz der Menschheit betrachten, Manifestationen des zweiten Gewalttyps beziehungsweise der göttlichen Gewalt des Nichtmenschlichen sind, die »sich selbst als einzig mögliche Reaktion« auf die banale, normative und beschränkte Gewalt des Kapitals erweist? Der Begriff »anthropogener Klimawandel« spricht zwei Sachen auf einen Schlag an: die erste Art von Gewalt (die anthropogene) und zugleich die nicht menschliche, buchstäblich solare Antwort darauf (den Klimawandel). Sommer 2021: Hitzewellen töten etwa fünfhundert Menschen in Kanada, bringen Autos in Kuwait zum Schmelzen, führen zu tödlichen Überschwemmungen in Deutschland, den Niederlanden, Belgien und im Süden Russlands; Waldbrände leuchten grell am Himmel in Jakutien und Griechenland. In den benachbarten Regionen riecht die solare Gewalt wie Smog.

Das aktuelle ökologische Empfinden bietet ein beeindruckendes Bild einerseits der menschlichen Spezies, welche die Natur missbraucht, und andererseits der Natur als sowohl passives Opfer wie auch als rachedurstige Elementargewalt, die Überschwemmungen, Brände, Tsunamis, Heuschreckenplagen und neue gefährlichere Viren schickt, die direkt proportional zum technologischen Fortschritt der Immunisierung gegen sie mutieren. Slavoj Žižek drückt es so aus: »Wenn uns die Natur mit Viren attackiert, schickt sie gewissermaßen unsere eigene Botschaft an uns zurück. Die Botschaft lautet: Was du mir angetan hast, werde ich nun dir antun.«[100] Das stimmt tatsächlich, besonders, wenn wir an die ökologischen Faktoren denken, die für die Mutation des Coronavirus letztlich bis zu jenem Grad verantwortlich waren, dass es so ansteckend und gefährlich für den Menschen wurde, namentlich: das Schlachten von Wildtieren, Massentierhaltung und städtebauliche Entwicklungen, die den natürlichen Lebensraum von Tieren vernichteten, sowie die hinter all dem stehenden ökonomischen Prozesse.[101]

Die Gleichgültigkeit der Natur

Offenbar kann nicht menschliche Gewalt als Reaktion auf menschliche Gewalt verstanden werden; und offenbar lassen sich Dinge wie der Klimawandel oder die Pandemie als Akte der Gewalt analog zu proletarischen Streiks, Revolutionsbewegungen und Dekolonisierungskämpfen interpretieren, ganz so, als wäre Mutter Erde imstande, ihren Unmut darüber, dass sie ausgebeutet oder kolonialisiert wird, und ihre Fähigkeit zurückzuschlagen, zum Ausdruck zu bringen.[102] Diese Betrachtungsweise stattet – angesichts dessen, dass beides, das Virus und die globale Erwärmung samt der langen Kette von Konsequenzen, das gesamte globale System der beschränkten Ökonomien oder, um es klar und deutlich zu sagen, den Kapitalismus in Gefahr bringt – die Natur mit einem beträchtlichen politischen Rachedurst aus.

Jedoch möchte ich, an Batailles Ansatz festhaltend, anmerken, dass diese Gefährdung ausschließlich in der menschlichen, beschränkten Weltsicht existiert: Auf planetarischer Ebene ist die Zerstörung einer bestimmten Ökonomie – sagen wir der russischen, der chinesischen oder selbst der US-amerikanischen – lediglich Ausdruck einer weiteren luxuriösen Verschwendung. Wenn wir uns in einer Begrifflichkeit der emanzipatorischen Politik an die Natur wenden, bedeutet dies in höchstem Maße, die solare Gewalt in eine Sprache von Ursachen und Wirkungen zu übersetzen, also in die Sprache der beschränkten Ökonomie. Nichtsdestotrotz können wir uns diese Übersetzung zunutze machen, solange wir im Auge behalten, dass dabei möglicherweise etwas Essenzielles verloren geht und dass sich die ursprüngliche »Botschaft« deutlich von derjenigen unterscheidet, die wir erhalten. In der Natur gibt es kein »Ich« und kein »Du«; das Ganze verhält sich nicht wie ein Individuum, das Ganze verhält sich nicht verantwortungsvoll und noch weniger intentional. Seine Turbulenzen sind gegenüber menschlichen Angelegenheiten gleichgültig. Da sich die göttliche Gewalt des Nichtmenschlichen gegenüber der beschränkten Gewalt des Kapitals oder des Anthropozäns asymmetrisch verhält, kann sie chaotisch erscheinen. Eines von Batailles Lieblingsbeispielen ist der Vulkanausbruch: Man kann nichts gegen sein Eintreten tun, er demonstriert, wie fragil all unsere Bauten sind. Wichtig ist hierbei jedoch, dass eine solche Gewalt nicht von Anfang an da gewesen ist, sondern als Antwort auf die beschränkte Gewalt aufkam. Was ich damit meine, ist, dass es den Vulkan definitiv lange vor uns gab, aber wir diejenigen sind, die ihn in seiner Eruption als Gewalt wahrnehmen und nicht, sagen wir beispielsweise, als ein Feuerwerk der Erde.

Diese Ambiguität tritt im Gaia-Paradigma zutage, formuliert in den 1970ern von James Lovelock und Lynn Margulis und vor Kurzem weiterentwickelt in den Arbeiten von Autoren wie Isabelle Stengers, Bruno

Latour und Donna Haraway. Die Erde ist bei Lovelock und Margulis regelrecht personifiziert, sie geben ihr den Namen derjenigen Göttin, die in der griechischen Mythologie allem das Leben schenkte und auch für die Fruchtbarkeit verantwortlich war. Sie stellen die Hypothese auf, Gaia sei ein synergetisches, selbstregulatives System, welches in den Wechselwirkungen zwischen organischen und nicht organischen Elementen immer die Balance hält.[103] Selbstverständlich wollten sie damit nicht zum Ausdruck bringen, Gaia sei buchstäblich ein lebender Organismus. Ganz im Gegenteil. Es gibt Gründe, diese Hypothese, die sich bis zu Wladimir Wernadskis Theorie von der Biosphäre[104] zurückverfolgen lässt, in die Nachbarschaft von Batailles planetarischer Ökonomie zu stellen, die sich ihrerseits auf der Ebene des Energieflusses ausbalanciert. Allerdings lässt sich Gaia im Gegensatz zu Batailles planetarischem Ganzen leicht als mit einer Art Vernunft und mit Gefühlen ausgestattetes Lebewesen darstellen, mit welchem die Menschheit potenziell Geschäfte machen oder sogar einen Vertrag abschließen könnte, wie Michel Serres vorgeschlagen hat.[105] Und wie Latour bekennt: »Und wie sollten wir auch den Fallen des Anthropomorphismus entgehen können, wenn wir tatsächlich in der Epoche des Anthropozäns leben!«[106]

Die moderne ökologische Krise kann laut Isabelle Stengers verstanden werden als die Intervention Gaias: »Gaia ist heikel, und das ist der Grund dafür, warum sie ein Lebewesen genannt werden muss. Wir haben es nicht länger (nur) mit einer wilden und bedrohlichen Natur zu tun oder mit einer fragilen Natur, die wir schützen müssen, oder mit einer Natur, die unbarmherzig ausgebeutet werden kann. Dieser Fall ist komplett neu.« Indem sie Gaia mit Empfindungsvermögen ausstattet, erkennt Stengers in ihrer Intervention eine Art Willensakt, merkt aber wichtiger Weise an, dass dieser Akt nicht die Einladung zu einer Art Dialog sei:

> Gaia, sie, die interveniert, verlangt nichts von uns, noch nicht einmal eine Antwort auf die Frage, die sie aufwirft. Verletzt, wie sie ist, ist Gaia gegenüber der Frage »Wer ist verantwortlich?« gleichgültig und agiert nicht, um Unrecht wiedergutzumachen; es scheint klar, dass die Regionen der Erde, die zuerst betroffen sein werden, zu den ärmsten auf dem Planeten zählen, ganz zu schweigen von all den Lebewesen, die nichts mit der ganzen Sache zu tun haben.[107]

Diese Konzeption ist ambivalent: Einerseits ist Gaia heikel und verletzt; andererseits ist Gaia gleichgültig, denn sie ist, anders als wir Menschen, nicht von der kapitalistischen Zerstörung der Umwelt bedroht – ihre Existenz als lebender Planet wird nicht zu Ende gehen, sie wird weiterhin bestehen, zusammen mit anderen Lebensformen, etwa Mikroorganismen, die unsere Apokalypse überleben. Dieser zweite Aspekt der Gleichgültigkeit bringt die Intervention Gaias dem näher, was ich hier, mit einem Verweis auf Bataille, als die Gewalt des Nichtmenschlichen bezeichne. Dieser Verweis ist ein gutes Gegenmittel, um den »Fallen des Anthropomorphismus« der Gaia-Hypothese zu begegnen, selbst wenn wir ihre bedeutsamen Implikationen in Bezug auf die

Gender-Verteilung aufrechterhalten: Die beschränkte Ökonomie (das Anthropozän, das Kapital), welche die Erde vergewaltigt, ist maskulin.

Die Gleichgültigkeit der Natur und die völlige Verschiedenheit der beiden Sprachen, der beiden Ökonomien und der beiden Arten von Gewalt – um es klar und deutlich zu sagen: der menschlichen und der planetarischen Gewalt – bedeuten indes nicht, dass die allgemeine Politik, die für die allgemeine Ökonomie relevant ist, nicht möglich ist. Wie ich bereits betont habe, kann und muss die Menschheit, laut Bataille, über ökonomische Modelle nachdenken, welche die Beschränktheit der existierenden Formen von Handel und Produktion überwinden, welche immer in Zerstörung enden, sei es nun Krieg, Klimawandel, eine Pandemie oder etwas anderes dieser Art. Eine allgemeine Ökonomie als Projekt der Menschheit würde den luxuriös-verschwenderischen Charakter der Natur zum Ausgangspunkt nehmen und diesen zu elaborierteren Formen des Selbstbewusstseins weiterentwickeln, welches die Zerstörung des Planeten oder die Verschwendung in nicht produktive Aufwendungen einer reinen Ökonomie des Schenkens überführten. Die Beschränktheit aufrechtzuerhalten, also zu konkurrieren, nach Profit zu streben, zu akkumulieren und zu wachsen, ist nicht selbstbewusst. Es ist eher eine Überlebensstrategie individueller Organismen, seien dies nun Menschen oder andere Tiere oder sogar ganze Nationalstaaten, die insbesondere angesichts von Krisen so egoistisch wie Individuen agieren. Selbstbewusst werden heißt, im ökonomischen Sinne zu lernen, wie man teilt.

Den Appell für Altruismus, der sich ein Beispiel an der nicht menschlichen Natur nimmt, haben sich zeitgenössische Philosophen wie etwa Luce Irigaray zu eigen gemacht; sie stellt fest, dass die Zukunft, wenn es überhaupt eine geben sollte, eine des Teilens sein wird: »Würden wir beim Teilen der organischen und anorganischen Natur beginnen, wäre es möglich, eine Denkweise und eine Lebensweise zu etablieren, die ökologisch wäre statt ökonomisch – mit anderen Worten nicht possessiv, nicht appropriativ, sondern partizipativ mit Blick auf das größere Ganze.«[108] Irigarays Sichtweise zufolge ist *teilen lernen* eine dringliche Notwendigkeit für unsere Ökonomien, weil »die Überlebensaussichten auf der Erde davon abhängen«.[109] Die hier proklamierte Ökologie, welche die Ökonomie ersetzen soll, scheint mit Batailles allgemeiner Ökonomie in Einklang zu stehen, welche die beschränkte ersetzen soll. Allerdings scheint die Ökologie nicht die gewaltsamen Aspekte des »größeren Ganzen« zu berücksichtigen. Die aktuelle ökologische Notwendigkeit – das Leben auf der Erde zu retten – scheint sie auf ein allzu menschliches Register von Ursachen und Wirkungen zurückzuwerfen, wohingegen Batailles Sonne ohne bestimmten Zweck scheint und alles Leben auf Erden nichts ist als ein Effekt ihrer souverän waltenden Gewalt. Wir müssen lernen zu teilen, nicht weil wir leben wollen, sondern weil die Selbstlosigkeit mit der beschränkten Logik des Überlebens bricht.

Phönix

Trotz alldem wage ich zu konstatieren, dass etwas an der Ethik des Teilens falsch ist. Wenn ich versuche, genauer darüber nachzudenken, überkommt mich eine Art Brechreiz, denn wenn wir mal ehrlich sind, hat dieses »teilen lernen« in diesen Tagen nicht einen falschen Klang und hinterlässt den süßlichen, klebrigen Nachgeschmack von Heuchelei? Ist derzeit nicht ohnehin ein bisschen zu viel vom Teilen die Rede? Wir arbeiten in Co-Working-Spaces und leben in Co-Living-Apartments; wir spenden und unterstützen, wo immer wir können; wir sind froh, Erfahrungen und Kosten in vernünftigen Maßen mit anderen zu teilen. Es fühlt sich gut an, großzügig zu sein, und wir alle versuchen, genau das so viel wie möglich zu sein. Innerhalb einer beschränkten, kapitalistischen Ökonomie jedoch, die auf Akkumulation und Eigentum basiert und in der die Sachen üblicherweise nicht kostenlos zur Verfügung stehen, sondern jemandes Eigentum sind und mit Profit veräußert werden, handelt es sich bei unserer Weise zu teilen gewöhnlich um nichts anderes als um gelegentliche Elemente, welche das herrschende System ein wenig auszugleichen suchen. Diese Verhaltensweise ist eine Parodie des Schenkens, genauso wie Teambuilding in der Geschäftswelt eine Parodie von Gemeinschaft ist. Wenn wir unsere Selbstlosigkeit ausreizen, so weit wir können, finden wir uns selbst in der unersprießlichen Position eines Einzelkämpfers wieder, der sein ganzes Hab und Gut einem Betrüger überlassen hat. Wer absolut teilt, ist verloren; am Ende des Tages scheint alles, was wie die Sonne gibt, ohne etwas im Gegenzug zu verlangen, zerstört, ausgebrannt, aufgezehrt zu sein. Wie Amanda Boetzkes in Bezug auf die Solarenergie in Batailles ökologischem Denken kommentiert: »[E]ine globale *Infrastruktur*, die auf einer frei zugänglichen Quelle basiert, wäre für die beschränkte Energiewirtschaft des Kapitalismus abträglich.«[110]

Und doch sind diese nicht zurückzahlbaren Geschenke eine notwendige Bedingung dafür, dass die menschlichen beschränkten Ökonomien überhaupt existieren können. Um Wirtschaftsgüter zu produzieren, brauchen wir natürliche Ressourcen; wir fällen Holz, wir bauen Kohle und Eisen ab, wir fördern Rohöl, wir generieren Energie mit Wind und Wasser, wir ernten Obst und Gemüse, wir konsumieren Tiere und lassen sie für uns arbeiten. Am Anfang ist da immer ein Geschenk der Natur – etwas oder jemand –, was von dem, der nimmt, als Natur wahrgenommen wird. Es ist nur so, solange die Natur oder das, was als Natur gilt, nicht als Geber betrachtet wird, werden die Gaben der Natur auch nicht als Geschenke betrachtet, sondern als unmittelbar frei zur Verfügung stehende Güter. Für die modernen kapitalistischen Staaten und Unternehmen sind Rohöl, natürliche Gasvorkommen, Holz oder Wasser nicht wirklich »Gaben«, sondern einfach da und nutzbar. Das Kapital entwickelt sich durch sogenannte primitive Akkumulation und Kolonisation, durch Landnahme, einschließlich der dort lebenden Bevölkerungen, die man versklavt, alle menschlichen und nicht menschlichen Ressourcen (Arbeitskraft, Brennstoffe, Mineralien, Tiere, Pflanzen usw.) werden ausgebeutet, um Profit zu generieren.

Das Initialmoment der Aneignung von etwas, was gegeben ist, kann in den Begriffen von Michel Serres als parasitärer Akt kategorisiert werden. Der Parasit lebt auf Kosten eines Wirt genannten Anderen; er heftet sich an den Körper des Wirts oder gräbt sich in dessen Inneres und frisst es. Eine parasitäre Beziehung ist nicht gegenseitig, da der Parasit dem Wirt nichts zurückgibt, welcher Ersterem beides liefert, Heim und Nahrung (wenngleich der Parasit selbst wiederum zum Wirt eines anderen werden kann). Laut Serres ist das gesamte Weltwirtschaftssystem selbst in einseitigen parasitären Ketten angeordnet, in diesen ist aller Nutzen und Werteaustausch durch den »Mißbrauchswert«[III] angelegt. Der ultimative und universale Wirt ist die Natur, auf deren Körper wir wohnen. Sie ist niemandes Parasit, sie nimmt nichts, sie kann nur geben.

Aber hier stoßen wir auf ein interessantes Dilemma: Wie ist das möglich, dass der Wirt immer weiter gibt, statt einfach an Erschöpfung zu sterben, was auch den Tod des Parasiten implizieren würde, da er dann seiner Lebensgrundlage beraubt wäre? Dieses Dilemma spiegelt sich im aktuellen ökologischen Alarmismus wider: Wir nehmen zu viel von dem Planeten, geben nichts zurück und zerstören dadurch langsam, aber sicher unser eigenes Habitat. Und doch glaubt der Parasit Mensch, was die Natur uns gibt, gehe wunderbarerweise nie zur Neige, und selbst wenn die Ressourcen des Wirts begrenzt wären, könnten selbige nie vollkommen ausgeschöpft sein – oder eigentlich: könnten sie wieder und wieder aus ebendieser Verarmung und Erschöpfung des Wirts entnommen werden. Serres nennt dies das alltägliche

»Parasitenwunder«[112] und illustriert es mit dem Bild des Phönix, des Vogels, der verbrennt und dann aus seiner eigenen Asche wiederaufersteht: »Es ist stets und immer noch die wirtliche Tafel und der Phönix der Wirte. Das Parasitentum nimmt kein Ende. Endlos ersteht der Wirt neu aus seiner Asche.«[113]

Dieses Bild ruft unweigerlich den Zusatz zum letzten Paragrafen von Hegels *Naturphilosophie* ins Gedächtnis, worin das Ziel der Natur als Tod aus freien Stücken oder als auf den Geist abzielende Selbst-Annihilierung dargestellt wird: »Das Ziel der Natur ist, sich selbst zu töten und ihre Rinde des Unmittelbaren, Sinnlichen zu durchbrechen, sich als Phönix zu verbrennen, um aus dieser Äußerlichkeit verjüngt als Geist hervorzutreten.«[114] Was der Phönix bietet, ist kein normales Geschenk, sondern ein Opfer. Er opfert sich selbst oder, wie Hegel sich ausdrückt, er verbrennt sich selbst, um immer wieder aufzuerstehen. Der Phönix der Natur steht in Flammen wie eine lebende Sonne: wie ein Feuervogel.

Eine besondere Rolle innerhalb dieser mythischen Struktur kommt dem Feuer als dem elementaren Opfermedium zu. Wie Michael Marder in *Pyropolitics* ausführt, gilt es in traditionellen Opferriten, das den Göttern gehörende Geistige aus den materiellen Formen zu extrahieren, indem sie über die Flammen des Feuers gehalten werden. Mit anderen Worten: Feuer transformiert Materie in Geist. Laut Marder funktioniert dieser alte Spiritualisierungsmechanismus nach wie vor und steckt die Welt weiterhin in Brand:

> Auch noch im 21. Jahrhundert zieht uns der Mythos des Phönix in seinen Bann. Immer noch glauben wir, in der Asche den Ermöglicher neuen Lebens, den Nährboden neuen Wachstums entdecken zu können. Nachdem die zerstörerischen Flammen ihr Werk verrichtet haben, wird die schöpferische Glut der Sonne den Pflanzen, die sie aus den Rückständen des Verbrannten hervorlockt, das Signal zur Auferstehung geben.[115]

Der Phönix stammt, wie wir wissen, aus der griechischen Mythologie, wo er mit der Sonne assoziiert wurde, die zyklisch am Himmel wiederkehrt. Sein ägyptischer Verwandter, Bennu, war der Legende nach eine der Seelen des Sonnengottes Ra und symbolisierte die Wiederauferstehung von den Toten. Lange vor der Geburt der monotheistischen Religionen, die diese Kulte ersetzten, hatten unsere Vorfahren auf der ganzen Welt durch die Verehrung der Sonne und anderer Naturphänomene versucht, Verbindung mit den Gottheiten aufzunehmen, wozu sie eigens spezielle Rituale entwickelten: Sie empfanden die Notwendigkeit, eine Sprache zu finden, um mit der Erde und dem Himmel zu kommunizieren. Nicht nur der ostslawische Dashbog auf dem goldenen Wagen, sondern ein ganzes Aufgebot himmlischer und irdischer Götter und Göttinnen waren Geber; sie sprachen die Sprache des Schenkens, aber auch die Sprache der Gewalt: War die Sonne zu großzügig, konnte sie alles Dingliche durch ihre Glut zerstören. Das Opfer synthetisierte beide Sprachen – Schenken und Gewalt – innerhalb eines Rituals. Verschiedene Dinge, Pflanzen, Tiere und zuweilen menschliche Lebewesen fungierten als Opfergaben, die im Namen des Allgemeinwohls dargebracht wurden.

Das Christentum erhob die Logik des Opfers auf die nächste Stufe. Dort wird nicht das Leben eines Menschen Gott geopfert, sondern das Leben eines menschlichen Gottes wird dem Rest der Menschheit geopfert. Es wird kaum jemanden in Erstaunen versetzen, wenn Jesus Christus mit der Sonne verglichen wird. Jedes Jahr im Frühling feiern wir seine Auferstehung von den Toten, wir nennen sie Ostern, Pascha oder Auferstehungssonntag. (Und der Sonntag ist tatsächlich in vielen Sprachen der Tag der Sonne.) An diesem Tag singen die Gläubigen: »Christus ist erstanden von den Toten, hat den Tod durch den Tod zertreten und denen in den Gräbern das Leben geschenkt!« Was dieses Lied besingt, ist in der Sprache der Philosophie die Dialektik einer doppelten Negation: Die beschränkte Negation des physischen Todes selbst wird durch das ewige Leben negiert. Die göttliche Gewalt der Wiederauferstehung.

Nun, da wir die Affinität zwischen dem solaren, gebenden Gott, dem gekreuzigten Christus und dem Phönix der Natur festgestellt haben, können wir sie in der Terminologie der allgemeinen Ökonomie beschreiben. Gott (derjenige, der gibt) und die Natur (diejenige, von der wir nehmen) erscheinen nun als zwei Seiten der solaren Selbstlosigkeit, die keine Grenzen kennt. Unsere Ökonomie indes ist beschränkt: Wir behandeln die Gaben der Natur, als wären es kostenlose Dinge, die angeeignet und in den Produktionsprozess eingegliedert werden müssten. Zumindest ist das die moderne Vorstellung von Natur, interpretiert als gigantische Lagerhalle, die bloß existiert, um uns mit allem, was wir brauchen, zu versorgen, von Nahrung über Wärme und Liebe bis zu Weisheit. Die Figur des Phönix transformiert innerhalb einer zirkulären Konsumlogik Ausgebranntheit in eine Quelle neuen Lebens.

Heute erfahren wir die Sonne und die anderen Himmels- und Erdenkörper nicht mehr als göttlich. Als wären sie überkommene Idole, wurden sie im Rahmen der passionierten Bewegung hin zu mehr menschlicher Autonomie gegenüber den elementaren Prozessen und Naturgewalten von ihrem Sockel gestoßen. Jeder kulturellen, wissenschaftlichen und technologischen Entwicklung liegt der Wunsch zugrunde, uns selbst aus der Unsicherheit und der Ungewissheit des Naturzustandes zu befreien, uns unabhängig zu machen von Wind und Wetter, von dem Kreislauf der Jahreszeiten und dem Wechsel von Tag und Nacht, der Wunsch, die Sonne zu beherrschen, nicht ihrer Herrschaft zu huldigen. Wir jagen Felsmassive in die Luft, um Sonnenstädte zu bauen; wir entwickeln kontrollierbare Licht- und Wärmequellen, indem wir uns die Wind- und Wasserenergie aneignen, in der Erde nach fossilen Brennstoffen graben, Atomstrom erzeugen, Solaranlagen bauen oder Fusionsreaktoren konstruieren. Der Vektor des Fortschritts verharrt indes weiterhin innerhalb der Grenzen der Herr-und-Knecht-Beziehung: Was in früheren Zeiten verehrt wurde, soll nun unterworfen werden. Diesen Zirkel zu durchbrechen, ist ein Anliegen der Solarpolitik.

Das Wort »Energie« bezeichnet aktuell das Grundlagen- oder Initialgeschenk der Natur; es umfasst eine komplexe Dialektik von Erde und Sonne, und die Brennstoffe sind buchstäblich ein brennender Phönix. Das Kapital presst die Erde parasitär aus: Kohlebergwerke, Erdölbohrungen und Ähnliches sind die Löcher, die es gräbt, um die uralten Substanzen aus dem Erdreich zu fördern und sie dann zu verfeuern. Serres definiert diese Reservoire, in denen Energie eingelagert liegt, als Unterkapitalien oder Untersonnen, aber: »Das wirkliche, letzte Kapital ist die Sonne.«[116] Wir wollen uns die Sonne in die Taschen stecken oder – wenn wir an die Gefangenen bei Platon denken – in unsere Höhle:

> In einem Monat, in drei Tagen, in zwanzig Jahren werden wir die Sonne auf die Erde geholt haben, werden sie dort aufgestellt, festgesetzt, ihr eine Wohnstatt geschaffen haben. Noch entgeht sie uns ein wenig, sie bewegt sich, sie flackert nur. Wir werden ihre Distanz beseitigen, ihre Zeit einfangen und ihre Transzendenz reduzieren.[117]

Die Kolonisierung der Sonne

Der Wunsch, die Sonne auf der Erde anzusiedeln, ist charakteristisch für das Pathos der industriellen Ära, das die futuristische, 1913 in Sankt Petersburg uraufgeführte Oper *Sieg über die Sonne* perfekt zum Ausdruck bringt. Geschrieben von Aleksej Krutschonych in der Kunstsprache *Zaum*[118] zu der von Michail Matjuschin komponierten chromatischen Musik, mit einem von Velimir Chlebnikov gedichteten Prolog und der von

Kasimir Malewitsch gestalteten Bühnenausstattung, entwarf dieses experimentelle Avantgardestück ein Bild von den Menschen der Zukunft, die die Sonne erobern. Einer der Charaktere dieser Oper, ein futuristischer Kraftmensch, herrscht das Zentralgestirn an: »Sonne, du hast die Leidenschaften geboren / Und hast mit entzündetem Strahl gebrannt. / Wir werden dich bedecken mit staubiger Decke, / Wir werden dich in ein Haus von Beton einsperren.«[119] Die Sonne symbolisiert hier die alte und schöne romantische Natur, die es gilt, mithilfe fortschrittlicher Technologien und abstrakten Formen zu überwinden: Zuletzt ersetzt Malewitschs schwarzes Quadrat den solaren Kreis. »Die Welt wird vergehen, doch wir sind ohne Ende!«,[120] reklamieren die Futuristen für sich. Durch die Gefangennahme der Sonne in einer Betonbox triumphiert die Menschheit über den Tod – denn dieser wohnt der zyklischen Natur inne –, und dadurch gelingt es ihr, sich selbst in eine andere Unendlichkeit zu katapultieren. Die alte Sonne wird nie wieder aufgehen, aber die Menschen bedürfen ihrer Strahlen auch nicht mehr; sie graben sich in die Tiefen der Erde vor und erschaffen ihre eigenen künstlichen Sonnen.

Die frühe Sowjetideologie einer *neuen Natur* und eines *neuen Menschen* war, durch den Kontext der fortschreitenden Industrialisierung befeuert, bereits vor der Russischen Revolution in Erscheinung getreten, propagiert allen voran von den Avantgardebewegungen ebenso wie den kosmistischen Utopien. Letztere versuchten, die Idee, in den Kosmos zu expandieren, und das Verlangen nach der Unsterblichkeit des Menschen, die mit technischen Mitteln erreicht werden sollte, zu fusionieren.[121] Den Unterschied zwischen diesen kulturellen Strömungen kommentiert Boris Groys so:

> Man kann sagen, der russische Kosmismus war der Entwurf eines Gegenprojekts zum futuristischen Projekt der russischen Avantgarde – auch wenn beide Projekte von der gleichen Grundannahme ausgingen, nämlich der entscheidenden Rolle der Technik. Die russischen Futuristen sahen in der Technologie eine Kraft, welche die »alte Welt« zerstören und den Weg freimachen würde, um eine neue Welt vom Nullpunkt aus zu errichten. Demgegenüber hofften die russischen Kosmisten, dass die Technologie zu einer wahrhaft messianischen Kraft würde, welche die Erwartungen einlösen könnte, die stets von einer Generation an die nächste weitergegeben worden war.[122]

Im Jahre 1895 veröffentlichte der russische Kosmist und Theoretiker für Raketenkonstruktion und Raumfahrt Konstantin Ziolkowski den Science-Fiction-Roman »Träume von der Erde und dem Himmel«, welcher die Idee entfaltet, dass die Menschheit schließlich die Galaxie der Milchstraße kolonisieren wird. Der Roman beschreibt unter anderem den Gürtel von Asteroiden um die Sonne, der von Kolonisatoren der größeren Planeten bewohnt wird, welche die Schwerkraft überwunden und sich zu einer neuen Lebensform weiterentwickelt haben: Diese ist den Pflanzenähnlichen verwandt, aber gleichzeitig hochintelligent. Die räumliche Annäherung an die Sonne erlaubt es ihnen, die Macht der Sonnenstrahlen zu kontrollieren und nach Belieben zu genießen. Um die Solarenergie möglichst effektiv nutzen zu können, zerlegen diese posthumanen Gemeinschaften Planeten und verwandeln sie in ein »Collier« aus im Weltraum verstreuten Ringen, »die frei schwebend um die Sonne kreisen wie die Felge eines Rades um die Nabe«.[123] Eine ähnliche Fantasie präsentierte Olaf Stapledon 1937 in dem Roman *Der Sternenmacher*;[124] größere Bekanntheit erlangte sie erst 1960 durch Freeman Dyson, einem theoretischen Physiker, der annahm, dass der wachsende Energiebedarf fortgeschrittener technologischer Zivilisationen unweigerlich dazu führe, dass sich Megastrukturen um die Sonne bildeten, und dass, wenn wir Reste davon im Weltraum ausfindig machten, dies letztlich den Beweis liefern würde, dass es extraterrestrische Formen entwickelten intelligenten Lebens gebe.

Bemerkenswert ist, dass dieses hypermaskuline Bild von der Menschheit als allmächtiger Eroberer des Universums sich in den Kulturen des Kommunismus ebenso wie der kapitalistischen Moderne gehalten hat: Da sind die humanistischen Projektionen auf der einen Seite und die Suche nach neuen Märkten auf der anderen. Warum hat die Menschheit oder eine andere technologische Intelligenz überhaupt das Bedürfnis, den Weltraum zu kolonisieren? Weil das permanente Wachstum der Menschheit immer mehr Ressourcen fordert. Die Ausdehnung des Anthropozäns in den Kosmos geht mit der Profitgier der beschränkten Ökonomie einher. Das Kolonisieren anderer Länder, einschließlich ihrer Bevölkerung und der natürlichen Ressourcen, genauso wie das Kolonisieren anderer Planeten reicht nicht: Der Wunsch nach Aneignung, Konsum, Konservierung oder dem Speichern der Gaben der terrestrischen oder himmlischen Körper treibt unsere Zivilisation immer weiter in Richtung Ende des Universums. Zum gegenwärtigen Zeitpunkt ist nichts so energiereich wie die Sonne, die Verausgabung ihrer Energie würde vermutlich all unsere wirtschaftlichen Bedürfnisse für viele künftige Epochen befriedigen. Es kann ganz unterschiedliche Modifikationen der sogenannten Dyson-Sphäre oder des Dyson-Schwarms geben, die in der Tat ein bisschen der Betonbox ähneln, die Malewitsch als schwarzes Quadrat darstellte – aber das Grundprinzip ist, dass es sich dabei um eine künstliche Infrastruktur handelt, welche die Sonne einsperrt und mit Industrieanlagen und Weltraumbasen umgibt und sie für die Höhle der beschränkten Ökonomie zugänglich macht. Anstatt verschwenderisch in den Weiten des Kosmos verstreut zu sein, wird die mächtige Solarstrahlung innerhalb dieser Sphäre bleiben, und dadurch wird die Menschheit eine unbegrenzte Menge Energie besitzen. Oder vielmehr eine fast unbegrenzte, denn die Sonne ist nicht ewig, und nach ein paar Milliarden Jahren wird sie schließlich abkühlen und verlöschen. Aber in der Zwischenzeit wird die Menschheit genug Zeit haben, sich darauf vorzubereiten: Sie wird extrem hohe Mengen Solarenergie speichern und weitere Expeditionen unternehmen, neue Sonnen entdecken und neue Galaxien kolonialisieren.

1964 hatte der sowjetische Astronom Nikolaj Kardaschow die Idee, das Niveau der technischen Entwicklungen anhand der zur Verfügung stehenden Menge an Energie zu bemessen. Auf der Kardaschow-Skala gibt es unterschiedliche Typen von Zivilisationen. Die erste ist die sogenannte planetarische Zivilisation, da sie nur die Energie nutzt, die auf dem Planeten zur Verfügung steht; die zweite ist die stellare: sie nutzt und kontrolliert die Energie im Planetensystem; die dritte ist eine galaktische Zivilisation, ihr steht die gesamte Energie einer Galaxie zur Verfügung, wie etwa der Milchstraße; die vierte Zivilisation ist universal und die fünfte ist multiuniversal, sie ist so gewaltig, dass sie, wie Gott, sogar selbst Universen erschaffen kann. Vorläufig haben wir noch nicht einmal das erste Niveau gänzlich erreicht. Wir müssen noch lernen, wie wir mit Fusions- und Solarenergie in großem Maßstab zurechtkommen sollen, und einen Weg finden, einen erneuerbaren Energieverbrauch zu entwickeln.

Rein technisch ausgedrückt ist die Sonne der größte und stärkste Fusionsreaktor in unserem Planetensystem. Um den Kosmos zu kolonisieren, müsste uns etwas Vergleichbares zur Verfügung stehen. Es gibt heute über die ganze Welt verteilt verschiedene Fusionsreaktoren, einschließlich der berühmtesten, der sogenannten Tokamaks, aber das Hauptproblem besteht darin, dass sie alle mehr Energie verbrauchen, als sie generieren. Sobald wir es so weit gebracht haben werden, dass sie mehr generieren, als sie verbrauchen, wird es möglich sein, neue Super-Power-Technologien zu entwickeln, um das gesamte Sonnensystem, einschließlich der Sonne selbst, zu kolonisieren. Die Dyson-Sphäre – und andere Sphären wie sie – entsprechen der zweiten Stufe der Kardaschow-Skala, der Übergang dorthin erfordert kolossale Ressourcen: Um ausreichend Material zur Verfügung zu haben, um eine solche Megastruktur aufzubauen, würden künftige Generationen alle anderen Planeten des Sonnensystems aufspalten müssen. Sie müssten die anderen Planeten sprengen, genau wie mein Vater die Berge in der kasachischen Steppe in die Luft gejagt hat: Alles, was wir Natur nennen, würde zerstört sein um der ultimativen Sonnenstadt willen, in der die Menschheit oder die die uns nachfolgende Spezies den gefangen genommenen Körper jener zentralen Nabe, die einst göttlich war, unmittelbar parasitieren würde. Wie stehen die Aussichten für diese Entwicklungen?

Es werde Licht!

1956 beschreibt Isaac Asimov in der Science-Fiction-Kurzgeschichte »Die letzte Frage« den Verlauf einer im Jahr 2061 begonnenen Expansion in den Kosmos – »[d]ie Energie der Sonne wurde eingefangen, umgewandelt und planetenweit direkt genutzt«,[125] (das heißt ab dem Zeitpunkt, an dem die menschliche Zivilisation auf der kardaschowschen planetarischen Stufe angelangt war) – bis zu ihrem absoluten Ende, das zusammenfällt mit dem Hitzetod des Universums. Asimov schildert sieben historische Settings. Während die Menschheit diese durchläuft, wächst sie erst quantitativ, aber dann amalgamiert sie in einer Art Quantensprung zu dem universalen Menschen, der seinerseits schrittweise von einer kosmischen Intelligenz ersetzt wird, die von einem allumfassenden Superpower-Computer entwickelt wurde; dieser Computer existiert im Hyperraum und ist »aus etwas hergestellt, das weder Materie noch Energie«[126]

ist; man nennt ihn AC, den kosmischen Analog-Computer. Bis zum allerletzten Moment, in dem die Welt existiert, versucht AC, genügend Daten zu sammeln, um jene Frage zu beantworten, welche ihm die dereinst ausgestorbenen Menschen bei jedem Schritt ihrer kosmischen Expansion stellten: Wie lässt sich der Prozess der Entropie, der unvermeidlich zum Ende des Universums führt, umkehren? Die Antwort steht am Ende der Welt:

> Materie und Energie waren verschwunden, und mit ihnen Raum und Zeit. Auch AC existierte nur noch der einen letzten Frage wegen, die er seit dem Augenblick zu lösen versuchte, als ein halb betrunkener Techniker vor zehn Trillionen Jahren sie einem Computer stellte, der von AC weiter entfernt war als ein Mensch von Mensch.
>
> Alle anderen Fragen waren beantwortet worden, und ehe diese letzte Frage nicht beantwortet war, konnte AC sein Bewußtsein nicht aufgeben.
>
> Alles, was es an Daten zu sammeln gab, war gesammelt worden. Es gab keine Daten mehr zu sammeln.
>
> Aber alle gesammelten Daten mußten noch korreliert und auf jede mögliche Weise miteinander in Beziehung gesetzt werden.
>
> Ein zeitloses Intervall wurde damit verbracht.
>
> Und es geschah, daß AC lernte, wie die Richtung der Entropie umgekehrt werden könne.
>
> Aber jetzt war kein Mensch mehr da, dem AC die Antwort auf die letzte Frage hätte mitteilen können. Darauf kam es nicht an. Die Antwort würde auch dies Problem auf dem Wege der Demonstration lösen.

> Während des nächsten zeitlosen Intervalls dachte AC darüber nach, wie er dies am besten tun könne. Sorgfältig stellte AC das Programm auf.
> Das Bewußtsein AC's ging alles durch, was einmal ein Universum gewesen war, und grübelte über dem, was jetzt Chaos war. Schritt für Schritt mußte es geschehen.
> Und AC sagte: »ES WERDE LICHT«
> Und es ward Licht ...[127]

Je länger ich darüber nachdenke, desto verständlicher ist mir, warum Asimov behauptete, diese Kurzgeschichte sei ihm die liebste von all den Geschichten, die er je geschrieben habe. Besonders interessant ist sie, wenn man sie zusammen mit einer anderen, zur selben Zeit, das heißt in den 1950er-Jahren, entstandenen Geschichte liest, nämlich derjenigen des sowjetischen Philosophen Ewald Iljenkow. Genauer gesagt handelt es sich nicht wirklich um eine Geschichte, sondern, wie der Autor es selbst definierte, um den »Versuch, in allgemeinen Zügen die objektive Rolle der denkenden Materie im System globaler Wechselwirkung zu bestimmen (*Philosophisch-poetische Phantasmagorie, basierend auf den Prinzipien des Dialektischen Materialismus*)«. Zu Iljenkows Lebzeiten konnte »Die Kosmologie des Geistes« nicht publiziert werden, und zwar aus gutem Grund: Mit der größten Stichhaltigkeit, die es je gab, erörtert dieser Essay, dass es der letzte Zweck der Menschheit und ihre höchste ultimative Mission sei, sich selbst und das Universum komplett zu zerstören. Aber immer schön der Reihe nach.

Indem Iljenkow die hegelianische Idee von der Substanz als Subjekt in die Sprache des dialektischen Materialismus übersetzt, behauptet er, Materie sei intelligent. Nicht überall und nicht in jedem Augenblick, aber irgendwo und irgendwann entwickelt sie sich zu einer Intelligenzform und dadurch besitzt die Materie in ihrer Integrität Gedanken als eines ihrer Attribute, das heißt, nicht als ein zufälliges, sondern als ein notwendiges Attribut. Die höchste Entwicklungsstufe der denkenden Materie ist die menschliche Intelligenz – aber nicht die, die wir bis jetzt erreicht haben, sondern die, die sich in der Zukunft aufgrund der Entwicklung fortschrittlicher kommunistischer Technologien realisieren wird, sobald die Menschheit ultimativ expandiert und so perfekt wie Gott sein wird (oder wie AC, in Asimovs Terminologie). Iljenkow ist Atheist: Es gibt keinen Gott außer dem menschlichen Geist, der sich ins Unendliche erstreckt. Die natürliche Begrenzung für seine Entwicklung ist der Hitzetod des Universums aufgrund der Entropie; und deshalb stellt sich ihm dieselbe Frage wie in der vorigen Geschichte: Wie lässt sich dieser Prozess umkehren?

Als Attribut der Materie spielt die Intelligenz eine aktive Rolle bei deren Entwicklung; die Umkehrung der Entropie bedarf daher nicht der Intervention einer übernatürlichen Entität wie Gott: Die Menschheit schafft das selbst. Und Iljenkow weiß sogar, auf welche Weise dies geschehen wird. Die Entropie kühlt die Sonne und die Planeten ab; alles ist dazu verdammt, in Kälte und Dunkelheit zu sterben. Das Gegenstück zu diesem Prozess ist das Feuer. Genauer nur der »Hurrikan des

Weltenbrands kann unserer Inselwelt irgendwann die funkensprühende Jugend zurückbringen«.[129] Und es ist der letzte Zweck oder in Iljenkows Worten »die kosmologische Pflicht« der Menschheit, diese Kettenreaktion in Gang zu setzen:

> An einem bestimmten, sehr hohen Punkt ihrer Entwicklung verursachen die denkenden Wesen, ihre kosmologische Pflicht erfüllend und sich opfernd, bewusst eine kosmische Katastrophe, wodurch sie einen Prozess auslösen, der dem »Wärmesterben« der kosmischen Materie gegenläufig ist, d. h. einen Prozess auslösen, der zur Wiedergeburt der sterbenden Welten als kosmische Wolke glühenden Gases und Dampfes führt. [...]
> Einfach ausgedrückt, vollzieht sich dieser Akt in Form einer gewaltigen kosmischen Explosion, die den Charakter einer Kettenreaktion hat und deren Material (explosive Substanz) die Gesamtheit aller durch Strahlung im gesamten Weltraum zerstreuten elementaren Strukturen ist.[130]

Iljenkow spricht von Radioaktivität und thermonuklearer Energie: Die Mission der Menschheit ist es, den roten Knopf zu drücken. Am Ende des Universums und zugleich an seinem Anfang kommt es zum großen Knall, aber dieser ist intentional herbeigeführt, wie dies bereits zuvor geschehen ist und später wieder geschehen wird. Es ist ein Kreislauf. Ja, er bezeichnet die Kulmination als »Opfer«: Die Menschheit wird zusammen mit dem Universum explodieren, um ihm die Wiedergeburt zu schenken, unendliche Male. Im Gegensatz zum hegelianischen Opfer oder zur Natur um des Geistes willen, ist Phönix nun der Geist, der sich selbst um der Natur willen opfert: »Es werde Licht!«

Žižek bezeichnet Iljenkows Kosmologie als »den wahnsinnigen Höhepunkt des dialektischen Materialismus« und vergleicht sie mit Sades Fantasien von einer totalen Zerstörung. Iljenkows Fehler sei, so Žižek, dass er naiv an die Realität als Ganzes glaube, was sie aber nicht sei: »Der Ausweg aus dieser Sackgasse ist, den Anfangspunkt aufzugeben und sich einzugestehen, dass es die Realität als selbstreguliertes Ganzes nicht gibt, dass die Realität selbst Brüche hat, unvollständig ist, ein Nicht-Alles ist, das von radikalen Antagonismen durchzogen ist.«[131] Der Bruch in der Realität ist das denkende Subjekt selbst, und also ist die kosmische Katastrophe, die Iljenkow heraufbeschworen hat, nicht irgendwo anders in der Zukunft oder in der Vergangenheit, sondern hier und jetzt. Wie Aaron Schuster es brillant formuliert: »Jedes Subjekt ist das Ende der Welt oder vielmehr dieses unmögliche, explosive Ende, welches zugleich ein ›Neustart‹ ist, die Einmaligkeit der einmal gefallenen Würfel.«[132]

Ein interessantes, gegen diese Kritik gerichtetes Argument formuliert Keti Chukhrov. Von ihrem Standpunkt aus übersieht Žižek, dass die Radikalität von Iljenkows Kosmologie nicht in der Zerstörungswut besteht, sondern in einer menschlichen Resignation der denkenden Materie, die eine Dimension des Allgemeinen eröffnet oder, wie Chukhrov es nennt, »das Wohl der Allgemeinheit«:

> Der Mensch ist indes nicht nur ein natürlicher oder notwendig irdischer Mensch, er ist vielmehr Ausdruck für das Streben nach dem Allgemeinen (dem Gemeinsamen, dem Kommunistischen) und dessen materieller Umsetzung. Wenn also das Denken aus einer Materie unter anderen, nicht-irdischen Bedingungen entstünde, bliebe es immer noch das, was der menschliche Geist stets angestrebt hat – nicht bloß Intelligenz, sondern auch das Wohl der Allgemeinheit. Um also die Dimension des Allgemeinen, des Gemeinwohls zu erreichen (die Stufe, die die dialektische Einheit von Materie und Geist sein wird), muss der Geist (das Bewusstsein) sich dessen bewusst sein, dass er niemals das Selbst, sondern immer das fremdbestimmte Nicht-Selbst sein wird, dessen Bestimmung es ist, sich in Richtung objektive Realität und soziales Sein zu verallgemeinern; eine Haltung, aufgrund derer das soziale Sein und die tägliche Sozialität eine kosmologische Dimension erhalten.[133]

Ich denke, die hier einander gegenübergestellten Argumente – Žižeks und Schusters einerseits und Chukhrovs andererseits – komplettieren sich eigentlich: Denn natürlich ist das denkende Subjekt der Bruch in einem Sein, welches selbst unvollständig ist, und exakt in dieser Form erlangt das Denken die Macht, um sich selbst dem Guten zu fügen. Das Subjekt als das Ende – und der Anfang – der Welt ist nicht mit irgendeinem egoistischen Individuum gleichzusetzen, sondern tritt als eine Art explosives materielles Elementarteilchen eines unvollständigen Universums in Erscheinung. Aus meiner Perspektive stellt, im Guten wie im Schlechten, Iljenkows Kosmologie eine dialektische Passage auf dem Weg von der beschränkten Ökonomie hin zur allgemeinen Ökonomie auf der kosmischen Stufe dar. Sein Entwurf einer vom Feuer verschlungenen Welt ist sowohl batailleisch als auch sokratisch. Nichts widerspricht dem gesunden Menschenverstand so sehr wie der ultimative Ausdruck des Bewusstseins, in dem wir »Gutes tun«, indem wir die Aufgabe der ultimativen nicht menschlichen Gewalt erfüllen, allgemein werden, solar, vulkanisch. Noch eine Anstrengung, eine Bewegung aus der Teleologie heraus, und aus dem kosmischen Opfer wird eine Geste der Verzweiflung, wie die einer Person, die den Akt der Selbstopferung auf einem öffentlichen Platz vollzieht.

Schluss: Die Sonne ist unsere Genossin

Iljenkows kommunistische Kosmologie ist eine Ausnahme. Während die anderen Entwürfe, die es zur Kolonisierung auf kosmischer Ebene gibt, zwar ins Unendliche gehen, bleibt ihre Ökonomie – und entsprechend ihre Gewalt – beschränkt: Solar zu sein ist nicht dasselbe wie eine Solarzelle in der Tasche zu haben. Unsere Bedürfnisse wachsen entsprechend dem uns zur Verfügung stehenden Energieaufkommen, und wenn wir an dem parasitären Kapitalmodell festhalten, dann müssen wir sein spezielles Verhältnis zur Umwelt einkalkulieren. Die Industrie zur Energiegewinnung, in ihrer totalen Abhängigkeit von dem Verbrennen des Phönix, hat die technologischen Entwicklungen in Richtung einer äußerst bedrohlichen Kollision von Ökonomie und Ökologie gelenkt, was katastrophale Nebenwirkungen mit sich bringt. Natürlich hätten wir es gerne, dass unser Ikarusflug zur Sonne endlich gelingen würde, ohne dass wir uns den Flammen aussetzten; natürlich würden wir uns gern die Sonne zu eigen machen und all ihre Energie verschlingen, bis sie erlischt, und dann zu anderen Sonnen weiterziehen. Aber wie gelingt es uns, die Erde – und mit ihr uns selbst – nicht zu zerstören, noch bevor wir überhaupt an dem Punkt angelangt sind, an dem wir eine planetarische Zivilisation sein werden?

Im 20. Jahrhundert machten sich die Wissenschaftler und Schriftsteller Gedanken über die Milliarden und Trilliarden Jahre später liegende Expansion in den Kosmos, bis hin zu dem Zeitpunkt des natürlichen Verlöschens der Sonne, aber die Tatsache, dass die Menschheit dabei ist, ziemlich bald mit äußerst ernst zu nehmendem Widerstand konfrontiert zu sein, blieb weitgehend unberücksichtigt. Die heutige ökologische Wende rückt dieses Problem in den Vordergrund und wartet mit Lösungen auf, die zumeist auf dem Ausbau des sauberen und erneuerbaren Energiesektors basieren. Allerdings gilt es, wie Brent Ryan Bellamy und Jeff Diamanti feststellen, zu berücksichtigen, dass »das vage Versprechen eines sauberen Übergangs zu einer erneuerbaren Ökonomie sich als das fälschliche Bewusstsein des Kapitals über seine materielle Struktur erweist«.[134] Sobald die kapitalistischen Märkte sich entwickeln und expandieren, brauchen sie immer mehr Ressourcen, und die voranschreitende Ausbeutung verwüstet ein Gebiet nach dem anderen und zerstört im Zuge dessen nicht nur die lokal gewachsenen Strukturen und Ökosysteme, sondern bringt auch Verwüstungen auf planetarischer Ebene mit sich. Wie Joel Wainwright und Geoff Mann betonen:

> Die Organisation des Soziallebens geht, um die Produktion und den Verkauf von Rohstoffen und die Akkumulation von Geld zu ermöglichen, mit entscheidenden Implikationen in Bezug auf den Klimawandel einher. Erstens erfordern Expansion und Akkumulation von Kapital die permanente Überführung des Planeten in Produktionsmittel und Waren, die man verkaufen und verbrauchen kann.[135]

Der grüne Kapitalismus konzentriert sich auf die »Sauberkeit« der postindustriellen Technologien im Gegensatz zu den »schmutzigen« industriellen Maschinen. Der Übergang von fossilen Brennstoffen zu Solarenergie ist diesbezüglich sinnbildlich: »Sauber« und »schmutzig« sind die neuen Namen für die weiße und die schwarze Sonne. Die fossilen Brennstoffe wie Kohle und Öl sind schwarze Sonnen unter der Erde,[136] und die weiße Sonne ist die eine am Himmel, wobei der Zugang zu dieser verspricht, aus der Welt einen saubereren Ort zu machen. Zwar können wir uns einen globalen Übergang zu einer »saubereren« Solarenergie vorstellen, welche weitere »schmutzige« fossile Brennstoffe ersetzen würde, aber diesbezüglich kann ich nicht anders, als Imre Szeman zuzustimmen, der erörtert, dass ein solarenergiebasierter Kapitalismus nicht dasselbe wäre wie eine solare Ökonomie qua allgemeiner Ökonomie.[137] Wie kann eine nachhaltige ökonomische Entwicklung aussehen, wenn sie die gleichen Verhältnisse des Privateigentums beibehält, die gleichen Ungleichheiten und die gleichen Formen der Wertschöpfung? Mit Szeman lautet die Antwort:

> Wenn wir erst den Zugang zu kostenloser Energie einmal hätten, würden die Ökonomien eher noch größer als kleiner werden, sich also nicht erholen (wie typischerweise angenommen), mit all den Konsequenzen, die sich daraus ergeben, dass man die Ressourcen des Planeten nutzt.[138]

In diesem Sinne ist der Unterschied zwischen den »schmutzigen« und den »sauberen« Arten, die Sonne zu verschlingen, nicht so radikal, wie es den Anschein haben mag; überdies verspricht die Expansion in den Kosmos nicht wirklich etwas Neues, sondern verweist vielmehr auf die schlimme Endlosigkeit der beschränkten Gewalt; in Hinblick darauf ist das Wort »Kolonisierung« nicht mehr politisch neutral, sondern eine gewalttätige solare Reaktion auf das, was wir Klimawandel nennen.

Man könnte behaupten, die Kolonisierung der Sonne und der Planeten des Sonnensystems habe nichts gemein mit etwas wie der europäischen Kolonisierung der beiden Amerikas oder Afrikas, wo die Aneignung von Land und der natürlichen Ressourcen mit der Versklavung der indigenen Bevölkerung einherging. Allerdings zeugen die menschlichen und die nicht menschlichen Teile der kolonisierten Erde von der strukturellen Relevanz des Terminus.

Wie Kathryn Yusoff in ihrem Buch *A Billion Black Anthropocenes or None* argumentiert: »Was Sklaverei motiviert, ist eine gleichgültige extraktive Geo-Logik, die angetrieben wird von dem Verlangen nach nicht menschlichem Eigentum.«[139] Beides, die indigenen ebenso wie die natürlichen Ressourcen, wird von den Kolonialherren ausschließlich betrachtet als eine »Art Wert, aber nur insofern sie ihrer Extraktion harren«.[140] Beides, die menschlichen ebenso wie die nicht menschlichen Elemente, wird als kostenlos zur Verfügung stehendes Gut betrachtet, dessen sich die Kolonisatoren im Prozess der Akkumulation umsonst bedienen können.

Von dieser extraktiven Geo-Logik ausgehend, schlage ich eine Verschiebung zu einer extraktiven Kosmo-Logik vor. Wenn du nicht weißt, wie du Russland oder Belarus entkommen kannst, dann habe ich gute Nachrichten: Die erste nachhaltige Stadt auf dem Mars für 250 000 Einwohner ist bereits entworfen und soll planmäßig 2100 gebaut werden. Sie soll vertikal sein und über Wohnungen, Büros und Grünanlagen verfügen, ihren Sauerstoff vermittels Pflanzen und ihre Energie vermittels Solarzellen beziehen. Wie Alfredo Muños, der Initiator des Projekts, erläutert, sollen, um die Nachhaltigkeit zu gewährleisten, ausschließlich lokale Baumaterialien zum Einsatz kommen: »Wasser ist einer der großen Vorzüge, die der Mars uns zu bieten hat; es versetzt uns in die Lage, die richtigen Materialien für den Bau zu beschaffen. Auf der Basis von Wasser und CO_2 können wir nämlich Carbon und aus dem Carbon Stahl herstellen.«[141]

»Der Mars hat uns zu bieten …« – aber was haben wir dem Mars zu bieten?

»Es gibt kein Leben auf dem Mars«, heißt es. Aber gibt es wirklich Leben auf der Erde?

Innerhalb der extraktiven Geo-Logik behandeln die Kolonisatoren menschliches und nicht menschliches Leben, als handele es sich um die auf den Zustand von Bodenschätzen reduzierten Elemente einer Landschaft. Die Kolonialherren kolonisierten die beiden Amerikas, als würden sie den Mars kolonisieren: Es gibt »niemanden« auf den abstrakten Landkarten der kolonisierten Territorien. Wie es Achille Mbembe treffend ausdrückt, impliziert die Kolonisation, den Eingeborenen zu negieren und so zu behandeln, als wäre er etwas (Ding) und zugleich nichts (nicht Ding).[142] Als nichts, weil der Körper des Indigenen entmenschlicht wird und deshalb nicht auf dieselbe Weise wie ein Mensch existiert, und als etwas, weil er wie ein Ding benutzt werden kann, und somit eine Quelle der Wertschöpfung ist:

> Vom Standpunkt des Kolonialismus aus existiert der Kolonisierte nicht eigentlich, nicht als Mensch, weder als Person noch als Subjekt. Um in der heideggerianischen Sprache zu bleiben, könnte man sagen, dass vom Kolonisierten keine Verstandeshaltung ausgeht, die eine gewisse Rechtmäßigkeit besitzen würde. Der Kolonisierte gibt sich kaum als derjenige, der intentionale Handlungen vollzieht, die untereinander durch die Einheit eines Sinns verbunden sind. Er kann weder im Sinne des mit Vernunft begabten Lebewesens definiert werden, noch als jemand, der nach Höherem, also der Transzendenz strebt. Er ist ein *Seiendes als Seiendes*. Darüber hinaus ist er nichts.[143]

Warum ziehe ich diese Parallele? Nicht nur, weil ich sagen möchte, dass wir der nicht menschlichen Welt mehr Beachtung schenken müssen, in Anbetracht der Tatsache, dass höchstwahrscheinlich etwas Menschliches im Fels ist, den wir gekommen sind, zu sprengen, sondern auch, weil es da etwas Felsiges in uns gibt, was in jedem Augenblick wie ein Vulkan zum Ausbruch kommen kann. Das ist es, was ich solare Gewalt nenne oder Gewalt des zweiten Typs: Wir tragen immer schon eine explosive Ladung in uns. Gleichzeitig ist die Ähnlichkeit zwischen einem versklavten menschlichen Wesen und einem Fels von derselben Natur wie die Ähnlichkeit zwischen dem Auge und der Sonne in Platons *Politea*. Und diese Ähnlichkeit liefert die Basis für die Solidarität mit nicht menschlichen Lebensformen, die ausgebeutet und missbraucht werden. Lassen Sie es mich kosmische Solidarität nennen: Die Solarpolitik durchbricht den prometheischen Teufelskreis von Krieg und Ausbeutung und setzt mit der Erkenntnis ein, dass die Sonne weder Herr noch Knecht ist. Die Sonne ist unsere Genossin.

Eine solarpolitische Strategie kann deshalb nicht Kolonisation sein, sondern Dekolonisation, nicht nur der menschlichen Gesellschaften, sondern auch der terrestrischen und himmlischen Topografien und Gemeinschaften: Es ist nie zu früh, um mit der Dekolonisation der Sonne zu beginnen. Was auf dem Spiel steht, ist die Befreiung der Natur, und das kann, wie Andreas Malm es überdeutlich zum Ausdruck bringt, »nicht allein das Werk der Natur selbst sein«.[144] Sich auf Herbert Marcuse berufend, merkt Malm an, dass es im nicht menschlichen Universum selbst keine revolutionäre Strategie gibt: »Befreiung ist vielmehr der mögliche Plan und Zweck von Menschen, *der sich in der Natur geltend macht*.« Entscheidend ist allerdings, dass »die Natur einem solchen Unternehmen entgegenkommt, daß es Kräfte in ihr gibt, die verzerrt und unterdrückt wurden – Kräfte, welche die Befreiung des Menschen unterstützen und steigern könnten. Dieses Vermögen der Natur ließe sich als ›Zufall‹ oder ›blinde Freiheit‹ bezeichnen«.[145] Übersetzt man diese Idee in die Sprache der allgemeinen Politik, eröffnet sich eine Möglichkeit der Befreiung der Natur mithilfe ihrer De-Entfremdung und der Erschaffung von

Allianzen zwischen dem Selbstbewusstsein der menschlichen Kämpfe und der blinden Selbstlosigkeit der Sonne gegen die kosmische Gier des Kapitals.

Es ist möglich, die solare Gewalt – den Ausbruch der Pandemie, den Klimawandel, Vulkanausbrüche, Tornados und so weiter – als Revolte der Natur zu interpretieren, analog zu den menschlichen Emanzipationskämpfen, aber die nächste Stufe wird sein, ein Element der solaren Gewalt in den menschlichen Emanzipationskämpfen zu begreifen, welches mit der allgemeinen Ökonomie korreliert. Die Solarpolitik denkt den Klimawandel neu als Rebellion der kolonisierten Erde beziehungsweise als Revolutionsbewegung der unterdrückten Natur und entwickelt sich hin zum Generalstreik als solarem Streik sowie zu Dekolonisationskämpfen und Revolutionsbewegungen als unvermeidlichem Klimawandel. Jeder progressiven Protestbewegung, jedem Generalstreik und jeder Revolution, die ihren Namen verdient, haftet dieses göttliche, verschwenderisch-luxuriöse und Furcht einflößende Element der Sonne an; bereits Platon verband es mit ihr, es ist das höchste Gut.

Anmerkungen

1 Platon, *Politeia*, in: ders., *Sämtliche Werke,* Bd. 2, Reinbek bei Hamburg 2006, 508a.
2 Ebd., 509b.
3 Ebd., 516b.
4 Ebd., 515–517.
5 Siehe Marsilio Ficino, »The Book of the Sun (De Sole)«, in: *Sphinx. A Journal for Archetypal Psychology and the Arts* 6 (1994), {www.users.globalnet.co.uk/~alfar2/ficino.htm}, letzter Zugriff 29.8.2023.
6 Ebd.
7 Tommaso Campanella, *Die Sonnenstadt*, Stuttgart 2008, S. 57.
8 Ebd., S. 64.
9 Ebd.
10 Nick Land, *The Tirst for Annihilation: Georges Bataille and the Virulent Nihilism (An Essay on Atheistic Religion)*, London 1992, S. 28 f.
11 Ebd., S. 29.
12 Georges Bataille, »Verdorbene Sonne«, in: Carlo Ginzburg, *Das Schwert und die Glühbirne. Picassos »Guernica«*, Frankfurt a. M. 1999, S. 73–75, hier S. 73.
13 Ebd., S. 73.
14 Ebd., S. 74.
15 Vgl. dazu z. B.: Nicholas Goodrick-Clarke, *Black Sun. Aryan Cults, Esoteric Nazism and the Politics of Identity*, New York 2002.
16 Georges Bataille, »Meine Mutter«, in: ders., *Das obszöne Werk*, Reinbek bei Hamburg 1977, S. 79–169, hier S. 101.
17 Land, *The Thirst for Annihilation*, S. 28.

18 Georges Bataille, »The Solar Anus«, in: ders., *Visions of Exzess. Selected Writings 1927–1939*, Minneapolis 1985, S. 5–9, hier S. 5.

19 Ebd., S. 6.

20 Vgl. Stuart Kendall, *Georges Bataille*, London 2007, S. 55.

21 Bataille, »The Solar Anus«, S. 7.

22 Hegel, *Phänomenologie des Geistes*, Hamburg 1988, S. 251–259.

23 Friedrich Nietzsche, »Zur Genealogie der Moral. Eine Streitschrift«, in: ders., *Jenseits von Gut und Böse / Zur Genealogie der Moral*, KSA 5, München 1993, S. 245–412.

24 Zu Žižeks Gewalt-Begriff siehe Kelsey Wood, *Žižek. A Reader's Guide*, Oxford 2012, S. 257–266.

25 Slavoj Žižek, *Gewalt. Sechs abseitige Reflexionen*, Hamburg 2011, S. 176 (Hvh. i. O.).

26 Georges Sorel, *Über die Gewalt.* Mit einem Nachwort von George Lichtheim, Frankfurt a. M. 1969, S. 97 (Hvh. i. O.).

27 Ebd., S. 203 (Hvh. hinzugefügt).

28 Ebd.

29 Wladimir Iljitsch Lenin, »Ein Vortrag über die Revolution von 1905«, in: ders., *Sämtliche Werke*, Bd. XIX: *Imperialismus und Revolution*, Wien, Berlin 1930, S. 435–456, hier S. 438 f.

30 Wladimir Iljitsch Lenin, »Taktische Plattform zum Vereinigungsparteitag der SDAPR, Resolutionsentwürfe der SDAPR«, in: *Werke*, Bd. 10, Berlin 1970, S. 139–145, hier S. 145.

31 Sorel, *Über die Gewalt*, S. 143 f. (Hvh. i. O.).

32 Ebd., S. 144.

33 Walter Benjamin, »Zur Kritik der Gewalt«, in: ders., *Angelus Novus. Ausgewählte Schriften 2*, Frankfurt a. M. 1988, S. 42–66, hier S. 51.

34 Ebd., S. 53.

35 Siehe Sami Khatib, »Towards a Politics of ›Pure Means‹. Walter Benjamin and the Question of Violence«, in: Enán

Arrieta Burgos (Hg.), *Conflicto armado, justicia y memoria. Tomo 1. Teoría crítica de la violencia y prácticas de memoria y resistencia*, Medellin 2016, S. 41–65, online unter: {www.academia.edu/35418699/Towards_a_politics_of_pure_means_Walter_Benjamin_and_the_question_of_violence}, letzter Zugriff 20.9.2023.

36 Benjamin, »Zur Kritik der Gewalt«, S. 57; Benjamin übersetzt sein Zitat aus dem französischen Original: *Réflexions sur la violence*, Paris 1919, S. 250; vgl. in der hier verwendeten Übersetzung Sorels: S. 160.

37 Benjamin, »Zur Kritik der Gewalt«, S. 61.

38 Ebd., S. 53.

39 Ebd., S. 52.

40 Siehe dazu Oxana Timofeeva, »Die Überschreitung der Schwelle«, in: *Lettre International* 132 (Frühjahr 2021), S. 131.

41 Benjamin, »Zur Kritik der Gewalt«, S. 62.

42 Nachzulesen in Mose 4, 16.

43 Benjamin, »Zur Kritik der Gewalt«, S. 62 f.

44 Ebd., S. 66.

45 Žižek, *Gewalt*, S. 174.

46 Benjamin, »Zur Kritik der Gewalt«, S. 63.

47 Ebd., S. 64.

48 Siehe dazu Mary Ilyuchina, »Three sisters killed their father. Besides a history of abuse, they are facing murder charges«, in: *CNN* (31.7.2020), {edition.cnn.com/2020/07/30/europe/khachaturyan-sisters-trial-russia-intl/index.html}, letzter Zugriff 20.9.2023.

49 Hegel, *Phänomenologie des Geistes*, S. 309 f. (Hvh. i. O.).

50 Ebd., S. 299.

51 Frantz Fanon, *Die Verdammten dieser Erde*, Frankfurt a. M. 1981, S. 31.

52 Ebd., S. 32.

53 Ebd., S. 31.

54 Vgl. das Kapitel »Kolonialkrieg und psychische Störungen« in ebd., S. 210–259.

55 Ebd., S. 48.

56 Ebd., S. 77.

57 Georges Bataille, »Pure Happiness«, in: ders., *The Unfinished System of Nonknowledge*, Minneapolis 2001, S. 224–235, hier S. 228; auf Franz.: »Le Pur bonheur«, in: ders., *Œuvres complètes* 12, Paris 1961, S. 478–490.

58 Benjamin Noys, *Bataille: A Critical Introduction*, London 2000, S. 134.

59 Bataille, »Pure Happiness«, S. 228.

60 Hegel, *Phänomenologie des Geistes*, S. 63.

61 Ebd., S. 62.

62 Kathryn Yusoff, »Geologic subjects: nonhuman origins, geomorphic aesthetics and the art of becoming *in*human«, in: *Cultural Geographies* 22, 3 (2015), S. 383–407, hier S. 393.

63 Bataille, »Pure Happiness«, S. 228.

64 Ebd. (Hvh. i. O.).

65 Siehe dazu Aleksej Zygmont, *Svataja negativnost'. Nasilie i sakral'noe v filosofii Žorža Bataja*, Moskva 2018, S. 203.

66 Bataille, »Pure Happiness«, S. 229 (Hvh. i. O.).

67 Ebd., S. 291–292.

68 Ebd., S. 228.

69 Ebd., S. 232.

70 Georges Bataille, *Theorie der Religion*, München 1997, S. 19–25.

71 Noys, *Bataille*, S. 136.

72 Bataille, *Theorie der Religion*, S. 24.

73 Ebd., S. 20.

74 Georges Bataille, »Metamorphosis«, in: *October* 36 (1986), S. 22 f.

75 Georges Bataille, *Der verfemte Teil*, Berlin 2021, S. 9.

76 Ebd., S. 14.

77 Ebd., S. 20.

78 Ebd., S. 21 (Hvh. i. O.).

79 Siehe dazu Imre Szeman u. Dominic Boyer (Hg.), *Energy Humanities. An Anthology*, Baltimore 2017, S. 3.

80 Bataille, *Der verfemte Teil*, S. 32.

81 Ebd., S. 37.

82 Ebd., S. 22.

83 Ebd., S. 31.

84 Ebd., S. 230.

85 Ebd.

86 Hegel, *Phänomenologie des Geistes*, S. 261–277.

87 Viral gegangene Geschichten über Wombats, die anderen Tieren Zuflucht gewähren vor den Buschfeuern, sind nicht alle ganz wahr, siehe {www.abc.net.au/news/2020-01-15/australian-bushfires-wombat-heroes-have-gone-viral/11868808}, letzter Zugriff 20.9.2023.

88 Pjotr Kropotkin, *Gegenseitige Hilfe in der Tier- und Menschenwelt*, Grafenau 2011.

89 Timothy Morton, *Humankind. Solidarity with Nonhuman People*, London, New York 2017, S. 14.

90 Imre Szeman, »On the Solarity. Six Principles for Energy and Society After Oil«, in: *Stasis* 9, 1 (2020), S. 128–143, hier S. 136.

91 Bataille, *Der verfemte Teil*, S. 28 (Hvh. i. O.).

92 Allan Stoekl, *Bataille's Peak. Energy, Religion, and Postsustainability*, Minneapolis 2007, S. XVII.

93 Bataille, *Der verfemte Teil*, S. 46.

94 Szeman, »On Solarity«, S. 137.

95 Slavoj Žižek, »Monitor and Punish. Yes, Please!«, in: *The Philosophical Salon* (16.3.2020), {thephilosophicalsalon.com/monitor-and-punish-yes-please/}, letzter Zugriff 20.9.2023.

96 Panagiotis Sotiris, »Ist eine demokratische Biopolitik möglich?«, in: *Luxemburg. Gesellschaftsanalyse und linke*

Praxis (März 2020), {zeitschrift-luxemburg.de/artikel/ist-eine-demokratische-biopolitik-moeglich/}, letzter Zugriff 20.9.2023.

97 Jason W. Moore, »The Capitolocene, Part I: On the nature and origins of our ecological crisis«, in: *The Journal of Peasant Studies* 44, 3 (2017), S. 594–630, hier S. 597.

98 Kathryn Yusoff, »Aesthetics of loss. Biodiversity, banal violence and biotic subjects«, in: *Transactions of the Institute of British Geographers* 37, 4 (2012), S. 578–592, hier S. 580.

99 Ebd., S. 581.

100 Žižek, »Monitor and Punish«.

101 Siehe dazu Rob Wallace, *Dead Epidemiologists. On the Origins for COVID-19,* New York 2020.

102 Siehe z. B. Jonathan Watts, »Climate crisis: in a coronavirus lockdown, nature bounces back – but for how long«, in: *The Guardian* (9.4.2020), {www.theguardian.com/world/2020/apr/09/climate-crisis-amid-coronavirus-lockdown-nature-bounces-back-but-for-how-long}, letzter Zugriff 20.9.2023.

103 James E. Lovelock u. Lynn Margulis, »Atmospheric homeostasis«, in: *Tellus* 26, 1–2 (1974), S. 2–10.

104 Wladimir Iwanowitsch Wernadski, *Der Mensch in der Biosphäre. Zur Naturgeschichte der Vernunft*, Frankfurt a. M., Berlin u. a. 1997.

105 Michel Serres, *Der Naturvertrag*, Frankfurt a. M. 1994. In seinem aktuellen Essay »Gaia as res republica« geht Oleg Kharkhordin der Idee des Naturvertrages nach bis zu Lucretius und seiner Überlegung des *foedera naturae* (Gesetze und Verträge der Natur).

106 Bruno Latour, *Kampf um Gaia*. Acht Vorträge über das neue Klimaregime, Frankfurt a. M. 2020, S. 192.

107 Isabelle Stengers, *In Catastrophic Times. Resisting the Coming Barbarism*, London 2015, S. 46.

108 Luce Irigaray, »Towards an Ecology of Sharing«, in: *The Philosophical Salon* (23.3.2015), {thephilosophicalsalon.com/toward-an-ecology-of-sharing}, letzter Zugriff 20.9.2023.

109 Ebd.

110 Amanda Boetzkes, »Solar«, in: Imre Szeman, Jennifer Wenzel u. Patricia Yaeger (Hg.), *Fueling Culture. 101 Words for Energy and Environment*, New York 2017, S. 314–317, hier S. 317.

111 Michel Serres, *Der Parasit*, Frankfurt a. M. 1981, S. 123.

112 Ebd., S. 151.

113 Ebd.

114 G. W. F. Hegel, *Encyclopädie der philosophischen Wissenschaften im Grundrisse* (1830), in: ders., *Gesammelte Werke* 20, Hamburg 1992, S. 175.

115 Michael Marder, *Pyropolitics. When the World Is Ablaze*, London 2015, S. 155.

116 Serres, *Parasit*, S. 263.

117 Ebd., S. 265.

118 Anm. d. Ü.: *Zaum'* oder *zaumnyj jazyk* [die Übersinn- oder transmentale Sprache], eine von Kručenych entwickelte futuristische Kunstprache, welche die Form, genauer die lautliche Neu- oder Umgestaltung der Sprache, über den Inhalt stellt.

119 Aleksej Kručenych, »Sieg über die Sonne«, in: ders. u. Gisela Erbslöh, *Pobeda nad solncem. Ein futuristisches Drama von A. Kručenych*, München 1976, S. 37–58, S. 41 f.

120 Ebd., S. 58.

121 Siehe Benjamin Steininger u. Alexander Klose, *Erdöl. Ein Atlas der Petromoderne*, Berlin 2020.

122 Boris Groys (Hg.), *Russian Cosmism*, Cambridge, MA, 2018, S. 4.

123 Konstantin Ciolkovskij, »Grezy o zemle i nebe«, in: ders., *Put' k zvezdam*, Moskau 1961, S. 49–148, S. 126.

124 Olaf Stapledon, *Der Sternenmacher*, München 1966.

125 Isaac Asimov, »Die letzte Frage«, in: ders., Martin Harry Greenberg u. Joseph D. Olander, *Fragezeichen Zukunft*, Rastatt 1984, S. 288–303, hier S. 289.

126 Ebd., S. 301.

127 Ebd., S. 302 f.

128 Ewald Iljenkow, »Die Kosmologie des Geistes (ca. 1950–1953)«, in: Boris Groys u. Anton Vidokle (Hg.), *Kosmismus*, Berlin 2018, S. 286–307, hier S. 286 (Hvh. i. O.).

129 Anm. d. Ü.: Da diese Stelle nicht in dem Band *Kosmismus* enthalten ist, habe ich direkt aus dem Original übersetzt: Ewald Iljenkow, »Kosmologija ducha«, in: ders., *Filosofija i kul'tura,* Moskva 1991, S. 415–437, hier: S. 426.

130 Iljenkow, »Die Kosmologie des Geistes«, S. 299 f.

131 Slavoj Žižek, »Evald Ilyenkovs cosmology. The point of madness of dialectical materialism«, in: *The Philosophical Salon* (2018), {thephilosophicalsalon.com/evald-ilyenkovs-cosmology-the-point-of-madness-of-dialectical-materialism/}, letzter Zugriff 20.9.2023. Zu den intellektuellen und historischen Hintergründen von Iljenkows »Kosmologie des Geistes« sowie zu den aktuellen Debatten diesbezüglich und ihrer Relevanz für die zeitgenössische Philosophie siehe Alexey Penzin, »Contingency and Necessity of Evald Ilyenkov's Communist Cosmology«, in: *e-flux* (Februar 2018), {www.e-flux.com/journal/88/174178/contingency-and-necessity-in-evald-ilyenkov-s-communist-cosmology/}, letzter Zugriff 20.9.2023.

132 Aaron Schuster, *The Trouble with Pleasure. Deleuze and Psychoanalysis*, Cambridge, MA, 2016, S. 42.

133 Keti Chukhrov, *Practicing the Good. Desire and Boredom in Soviet Socialism*, New York 2002, S. 252.

134 Brent Ryan Bellamy u. Jeff Diamanti, *Materialism and the Critique of,* Chicago 2018, S. xxxii.

135 Joel Wainwright u. Geoff Mann, *Climate Leviathan. A Political Theory of Our Planetary Future*, London 2018, S. 100.

136 Siehe dazu etwa Reza Negarestani, *Cyclonopedia. Complicity With Anonymous Materials*, Melbourne 2008.

137 Szeman, »On Solarity«, hier S. 133.

138 Ebd., S. 133 f.

139 Kathryn Yusoff, *A Billion Black Anthropocenes or None*, Minneapolis 2018, S. 16 f.

140 Ebd., S. 70.

141 Luna Steffen, »Plans for the first Martial sustainable city unveiled«, in: *intelligentliving.co* (2.4.2021), {www.intelligentliving.co/plans-first-martian-sustainable-city/}, letzter Zugriff 20.9.2023.

142 Anm. d. Ü.: Martin Heidegger definiert das Ding als »etwas und nicht nichts«, siehe Martin Heidegger, »Was ist Metaphysik?«, in: ders., *Wegmarken*, Frankfurt a. M. 2004, S. 103–106.

143 Achille Mbembe, *Postkolonie. Zur politischen Vorstellungskraft im zeitgenössischen Afrika*, Wien, Berlin 2020, S. 269 (Hvh. i. O.).

144 Andreas Malm, *Der Fortschritt dieses Sturms. Natur und Gesellschaft in einer sich erwärmenden Welt*, Berlin 2021, S. 248.

145 Herbert Marcuse, »Konterrevolution und Revolte«, in: ders., *Konterrevolution und Revolte. Zeit-Messungen. Die Permanenz der Kunst*, Frankfurt a. M. 1987, S. 7–128, hier S. 69 f. (Hvh. i. O.).

Dank

Mit den Schriften Georges Batailles beschäftige ich mich nun schon lange, seit meiner Studienzeit; trotzdem stand seine Idee einer allgemeinen oder, präziser, einer solaren Ökonomie nie wirklich im Fokus meines Interesses – bis zum Frühjahr 2020, als meine Forschungsvorhaben brutal von der COVID-19-Pandemie durchkreuzt wurden.

Imre Szeman und Allan Stoekl sehe ich mich zu Dank verpflichtet, da mich ihre Arbeiten darin bestärkten, dass die Idee, Bataille heute in den Begriffen von Ökologie und Energiepolitik zu diskutieren, nicht völlig verrückt ist. Daran anschließende Überlegungen weckten in mir den Wunsch, der Sonne einen philosophischen Essay zu widmen, den ich, so dachte ich, endlos aufschieben würde. Glücklicherweise kontaktierte mich jedoch Laurent de Sutter, bei dem ich mich für die freundliche Aufnahme in Politys Reihe »Theory Redux« bedanke. Außerdem bin ich John Thompson und den Polity-Herausgebern für wertvolle Ratschläge zum ursprünglichen Projekt dankbar sowie Jeff Diamanti, Benjamin

Noys und Artemy Magun für ihre Kommentare und kritischen Anmerkungen; auch Alexander Klose, Benjamin Steininger und dem »Beauty of Oil«-Kollektiv für Einblicke in ihre Arbeit; Oleg Kharkhordin dafür, dass die Erde nicht zu kurz kam, Alexey Zygmont für seine Ermutigungen, die Forschung über Gewalt auszubauen, sowie den Studentinnen und Studenten des Stasis-Zentrums für Philosophie an der Europa-Universität in St. Petersburg; bei Andrew Glukhovsky, Oleksiy Sergienko, und Michail Fedorchenko möchte ich mich für ihre Anregungen bedanken. Meiner Familie danke ich herzlich und besonders meinem geliebten Mann, Andriy Zmeul, mit dem ich die ersten Entwürfe und Ideen teilen durfte, besonders für seine unterhaltsamen Exkurse zu potenziellen, zukünftigen technologischen Entwicklungen menschlicher und posthumaner Zivilisationen. Und zu guter Letzt schulde ich meiner Genossin Sonne Dank, die – sogar in St. Petersburg, wo sie normalerweise ein seltener Gast ist – während der Monate, in denen ich an diesem Buch schrieb, so selbstlos schien.

OXANA TIMOFEEVA, 1978 in Sibirien geboren, ist Autorin und Mitglied im Künstlerkollektiv *Chto delat*. Von ihr erschienen u. a.: *Eto ne to* [Das ist es nicht] (Limbach 2022), *History of Animals* (Bloomsbury 2018), *Introduction to the Erotic Philosophy of Georges Bataille* (New Literary Observer 2009) und bei Matthes & Seitz Berlin zuletzt *Heimat. Eine Gebrauchsanweisung* (2022).

ANJA DAGMAR SCHLOSSBERGER, 1974 in München geboren, ist Slavistin und Übersetzerin aus dem Englischen und Russischen, u. a. von Ilya Danishevsky und Valerij Podoroga, bei Matthes & Seitz Berlin hat sie Leonid Lipavskij/Jakov Druskin *Dem Schrecken auf der Spur* (2017) herausgegeben.

Erste Auflage Berlin 2024

Großbeerenstraße 57A | 10965 Berlin
info@matthes-seitz-berlin.de

Umschlaggestaltung: Dirk Lebahn, Berlin
Satz: Monika Grucza-Nápoles, Alicante
Druck und Bindung: GGP Media GmbH, Pößneck
ISBN: 978-3-7518-0408-0
www.matthes-seitz-berlin.de